孤独の哲学

「生きる勇気」を持つために

岸見一郎
哲学者

762
中公新書ラクレ

はじめに——孤独を知る、人生を知る

新型コロナウイルスの感染拡大が生活のあり方を大きく変えることになり、前は当然できたことができなくなりました。

古来、人類は何度も感染症の大流行を経験してきましたが、今私たちが生きているこの時代に、新型コロナウイルスに多くの人が感染し、重症化して亡くなる人もいるという現実に直面することになるとは、誰も予想していなかったでしょう。

生活の不便であれば、別の方法で代替できないわけではありません。外食ができなくてもテイクアウトを頼むとか、スーパーで買い物ができなくても配達してもらうというようなことです。

しかし、前のように人と自由に会えなくなったことを何か他の仕方で代替するのは容易ではありません。仕事であれば、職種によってはオンラインで行うことも可能ですが、家族や親しい友人とも自由に会えないとなると、そのために孤独を感じている人は多いでしょう。

人に会えないがゆえに孤独になることは、以前から当然ありました。しかし、コロナ禍の孤独には、従前の孤独とは違うところがあります。それは孤独が自分で選び取れるものではなくなったということです。

これまでも他者と交わらず、孤独に生きていた人であれば、何があっても自分が選んだ生き方を変えたりしないでしょう。しかし確固たる信念にもとづいて孤独に生きるのではなく、ただ人と関わるのが煩《わずら》わしく、他人と会わなかったという人であれば、生活が大きく変わり人と自由に会えなくなったことは、かなりの痛手になるかもしれません。

誰とも会わないで一日中本を読んで過ごそうという人には、一人でいることは少しも苦痛ではなく、むしろ至福に感じられるでしょう。しかし、これから先もずっと誰とも会わないで一人で過ごさないといけないのであれば、一人でいることを至福と思えないかもしれません。明日も明後日も一人で過ごさなければならないのかと思うと、嘆息するしかありません。

自分の意志で孤独を選べるのと、人と自由に会えなくなったために望んでもないのに孤独になる場合とでは、大きな違いがあります。孤独に生きることなど少しも望んでいなかった人にとっては、感染者の数が一時的に減っても、またいつ何時感染が拡大するかわからない、いつ終わるともわからないような状況で、人と会えないのは耐え難いことです。

私は現在、仕事のために外出することはありません。以前は講演をするために年に何十回も利用していた新幹線にも乗らなくなりました。講演も仕事の打ち合わせもすべてオンラインでしています。

以前は電車の中でもよく仕事をしていましたが、講演を終えて帰ると疲れ果ててしまい、思うように仕事ができませんでした。外に出かけなくなった今は、家で仕事をする時間は増えましたが、これがいいことと手放しで喜べるものではありません。

近くに住んでいる娘夫婦と孫たちとは会えますが、遠く離れて暮らしている息子夫婦とは、二年も会うことができませんでした。

私の親は二人とも既に亡くなりました。もしも老親が遠くに住んでいたとしたら、たとえ私が耐えられても、親は会えなくて寂しく思ったかもしれません。

親が元気であれば、今日こそ絶対会いに行かなくてはとは思わないでしょう。元気に過ごしていることがわかっていれば、常日頃は親のことをすっかり忘れ、気づけばもう長く会っていないということもあるかもしれません。しかし、親に会おうと思ったらいつでも会えるのに会っていないのと、感染予防のために会うのを控えるというのでは、大きな違いがあります。

こうして、人との接触が減ったために孤独感が強く迫ってきた時、以前は自分が孤独であるとは考えたことがなかった人でも、気の持ちようを変えることで何とかできるかというと、そういうわけではありません。

孤独であることを強いられた時、孤独にどう対処すればいいかをしっかりと考えなければなりません。

コロナ禍で人と会えなくなったことから話を始めましたが、感染さえ収まれば何の問題もなくなるわけではありません。コロナ禍以前からもあった、しかし、あまりはっきりとは見えなかった問題——その多くは対人関係の問題なのですが——が、不自由な生活を強いられる中で顕在化したように思います。

本書では、まず第一章で新型コロナウイルス、第二章で友人、職場、家族などの対人関係、第三章でSNSをめぐる問題、そして、第四~五章で高齢化社会などの具体的ケースを引き合いに出して、今の社会で多くの人が感じているであろう孤独に対し、どのように向き合っていくべきかを考察してみます。そして第六章でそれまでの議論を振り返りながら、「孤独の哲学」について掘り下げ、最終章では孤独を克服する方法を考えていきます。

かつてのような社会に戻り、自由に人が行き来できる日が戻ることを切に願っていますが、それがすぐには叶《かな》わないのであれば、一日も早く前の状態に戻ることばかり願って生きるのは得策ではありません。今は仮の人生ではなく、この今の人生こそが自分が生きられる唯一の現実だからです。

いろいろなことができなくなってしまったけれども、また以前と同じような生活を送れる日までは我慢しようと思っている人は多いかもしれませんが、同じような生活が今後何年続くかもわかりません。そうであれば、今の人生を本番と思って生きるしかありません。

本書が読者に届く頃には、コロナ禍が過去のものになっていればいいのですが、たとえそうなっても、人が孤独ではなくなっていることはないでしょう。孤独を感じるのは、コロナウイルスのためだけではないからです。

孤独の問題だけが他の人生の問題と切り離されて起きるわけではありませんから、孤独について考えることは、人生について考えることになります。本書では、日々の生活の中で感じる孤独について、できるだけ具体的に考えてみます。そうすることで、起きることが同じでも、それへの見方、対処の仕方は大きく変わることになるでしょう。

目次

第四章　長生きと孤独　131

本文ＤＴＰ／今井明子

編集部注・引用文は旧字旧仮名を新字新仮名に改めました。また、適宜振り仮名を補いました。

孤独の哲学

「生きる勇気」を持つために

第一章　コロナ禍のソーシャル・ディスタンス

一人でいても孤独、人の中にいても孤独

哲学者の三木清が、次のようにいっています。

「孤独が恐しいのは、孤独そのもののためでなく、むしろ孤独の条件によってである。恰《あたか》も、死が恐しいのは、死そのもののためでなく、むしろ死の条件によってであるのと同じである」

（『人生論ノート』）

孤独について考える時に、孤独そのものと孤独の条件は違うことを知っていなければなりません。コロナ禍で人と自由に会えなくなったことは孤独の条件ですが、孤独その

ものではありません。
三木は次のようにもいっています。

「孤独というのは独居のことではない。独居は孤独の一つの条件に過ぎず、しかもその外的な条件である。むしろひとは孤独を逃れるために独居しさえするのである」（前掲書）

生まれてからずっと一人で生きていたのであれば、孤独だとも寂しいとも思わないでしょう。他者との関係の中で生きてきたので、人とのつながりがなくなると孤独を感じるのです。

ここで三木が使う「独居」という言葉には、文字通り「一人で暮らす」という意味だけではなく、「人と自由に会うことができない状態で過ごす」という意味も含まれます。
独居が「孤独の一つの条件」にすぎないというのは、どういう意味でしょうか。それは、人と会えなくなり一人で過ごすことが多くなると、誰もがそのために必ず孤独になるわけではないということです。

人から離れていると孤独を感じるというのが普通の考えですが、人の中にいる時にこそ孤独を感じる人もいます。「むしろひとは孤独を逃れるために独居しさえするのである」という三木の言葉には、二つの意味があります。

一つは、一緒にいても、人とのつながりを感じられないので、一人でいようとすることです。

精神科医のアルフレッド・アドラーが「あらゆる悩みは対人関係の悩みである」といっています。人と関われば何らかの仕方で摩擦が生じます。誰かと諍《いさか》いをしたからでなくても、自分のことをわかってもらえないと思うことがあります。

誰かと一緒にいれば、一人でいるために生じる孤独を感じずにすむかもしれません。しかし、何かに傷ついたり誰からも理解されないと思ったりしている時には、その苦しみから逃れるために、一人でいたいと思うこともあるでしょう。

孤独を逃れるために独居するということのもう一つの意味はこうです。家の中では注目の中心にいられます。体調不良で学校や仕事に行けない時、家族が心配してくれるからです。しかし、長く学校に行かない状態が続けば、もう身体の具合が悪いわけではないのだから、学校に行くようにという親と子どもの間で喧嘩が起きてしまうかもしれません。

親は最初は心配するものの、次第に一体いつになったら子どもが学校に行くようになるのかと、苛立《いらだ》ち、怒りすら感じ始めます。こうして、子どもは注目の中心にい続けることができるのです。

しかし、このような仕方で注目を得ることができるのは、家の中だけです。一歩外に出れば、道行く人は誰も自分のことを知りません。家の中と同じように注目の中心に立つことができず、そのため孤独を感じる人は外に出て行こうとせず、家の中に「独居」するのです。

強いられた孤独

一人でいても孤独でない人もいます。今見た二つの意味での孤独、つまり人と関わって傷つくのを恐れるからでも、あるいは外では誰からも注目されないので家にいる方がむしろ孤独でないと考えているからでもありません。一人でいることを幸福と感じられるのです。

哲学者のパスカルは次のようにいっています。

「すべての人間の不幸はただ一つのことに由来する。部屋の中にじっととどまっていられないことだ」（『パンセ』）

部屋の中にじっととどまっていられない人は、外で誰かと一緒に過ごしたら孤独ではないと感じるでしょうが、そのようなことは人間の不幸だとパスカルはいいます。

誰かと一緒にいることが気晴らしになるという人は、他者に依存しています。それゆえ、そのような人は他の人と自由に会えなくなれば、たちまち孤独になり、孤独であることを不幸だと思うでしょう。

他方、他者に依存しない人は、一人でいても孤独ではなく、むしろ、一人でいることを幸福に感じられます。孤独であることを自分の意志で選んだのです。

しかし、コロナ禍では孤独を選択できません。人と会いたいと思っても会えないために孤独を感じるという場合、これはいわば強いられた孤独です。

孤独を強いられた人は、孤独であることを望んでいません。コロナ禍では、そのような孤独の中でどう生きればいいのかを考えなければなりません。

「小さな花」の側につくのか否か

強いられた孤独を肯定的に見ることはできます。

人に会えなければ生きる喜びがないと思う人はいるでしょう。前は当然できていた友人たちとの会食ができなくなったことを残念に思う人も多いでしょう。

しかし、仕事の延長にあるような会食は避けたいと思っている人は多いはずです。仕事の延長でなくても、上司から食事に誘われた時に断れないことはしばしばあります。会食に限らず、会いたくない人と会うことを断れば、相手からよく思われないことを恐れて、仕方なく会っても、いやなことをいわれて傷つくというような事態が起こりかねません。

そこで、そのような目に遭わないために、他人との関わりを避けようとする人がいても不思議ではありません。会えば不愉快な思いをすることが予想されるのであれば、会わないことは精神的な健康のためにも賢明な選択といえます。

問題は、誘いを断る場合、「会わない理由」が必要なことです。

一般に、断る時には理由をいわない方がいいのです。「その日は行けない」「なぜ?」

「あ、ちょっと……」。こういって相手が引き下がってくれればいいのですが、実際にはいよいよ断りづらくなることがあります。「先約がある」といえば、「誰と会うの？」とか（「あなたには関係ない」といいたくなります）、「その日でなければ、いつだったら会える？」というふうに相手は食い下がってくるからです。

しかし、無下《むげ》に「会いたくない」とはいえませんし、「会えない」と相手に伝えること、さらにその理由を伝えることが、相手との関係を悪くしかねません。

関係が悪くならなくても、断ったことで相手が感情を害したとしても、それは相手が何とかしなければならない課題だと割り切れなければ、断ることはできません。

しかし、コロナ禍のように会食そのものができなければ、断る理由を明らかにする必要はありません。感染症対策の一環で人と会うことが回避されれば、なぜ会わないのか理由を詮索されることもないでしょう。

断れない一番大きな理由としては、相手から嫌われたり、仲間外れにされたりする事態を恐れるからということがあります。そのため、仕方なく人と会っていた人もいるでしょう。

そのような人であっても、「感染予防のために不要不急の外出を控えている」といえば、これは誰にも当てはまることなので、断っても相手と大きな摩擦は起こらなくなりました。

なぜ、断ることが必要なのか。英語のプライベート（private）の語源はラテン語のprivareですが、その意味は「奪う」です。自分の時間を奪い取らなければ、プライベートな時間を持てないからです。

会うのを断った時の反応は相手によって違います。誰もがそのことで感情を害するわけではありません。「それなら、また別の時に会おう」という人もいれば、別の人と会う約束をする人もいます。

だから、断ることを恐れなくてもいいのです。断ったからといって、誰もが怒るわけではなく、怒るような人と付き合う必要はないのです。

アメリカの俳優、ピーター・フォークが天皇から招待された時のエピソードを加藤周一が伝えています。彼は先約があると招待を断ったのです。

「私は先約の相手に、友人か恋人か、一人のアメリカ市民を想像する。もしその想像が正しければ、彼は一国の権力機構の象徴よりも、彼の小さな花を択《えら》んだのである」

（『小さな花』）

権力の側につくのか、市民や「小さな花」の側につくのか選択を迫られる機会が人生においてはあります。エラい人だからとか、また知り合っておくと得する人だからという理由で先約を反故《ほご》にするような人は信用できません。

交友関係を見直す絶好の機会

学生から、携帯端末を買い換える時、連絡先のデータを消去するという話を聞いたことがあります。常日頃メールや電話で連絡を取り合っている人であれば、相手からの連絡を待って、あらためて電話番号やメールアドレスを登録し直せばすむかもしれません。しかし、連絡がない相手とは、そこで縁が切れてしまいます。

この学生のようにあえてデータを消す人は少ないでしょうが、人と自由に会えなくなったのを機に、交友関係を見直すことができます。対人関係を見直すという言い方をすると差し障りがあるかもしれませんが、どうしても付き合っていかなければならない人は、多くはありません。

本当に大切な人、会いたい人であれば、対面できなくても何とかして連絡を取り、関係を保つ努力をするでしょう。オンラインなら顔を見て話すこともできます。

私の孫娘が三歳の時に数日入院したことがありました。面会が制限されていたので、私は見舞いに行けませんでした。そこで、携帯端末で話をしました。実際に会えない代わりに、一日に何度でも話すことができました。遠距離恋愛をしている恋人同士も、単身赴任で働いている人とその家族も、このような方法でつながりを保つことができます。こんなことは若い人であれば当たり前でしょうが、技術の進歩で初めて可能になったのです。

哲学者の和辻哲郎が留学中に妻と交わした手紙が残っています（和辻哲郎『妻　和辻照への手紙』、和辻照『夫　和辻哲郎への手紙』）。和辻がヨーロッパに留学したのは、二十世紀の初めのことです。瞬時にメールが届き、携帯端末を使って顔を見て話せる現代では想像もつかないことかもしれませんが、当時は手紙といっても船便ですから、和辻が出した手紙が妻に届くまでにひと月以上かかりました。

それでも、和辻は毎日妻に手紙を送りました。妻のもとに毎日届く手紙はいわば過去からの手紙でした。当然、二人は遠く離れて生活していることを意識していたはずですが、二人が交わした手紙には今言葉を交わしているのと同じ喜びが溢《あふ》れています。

八歳の孫が八十六歳の祖父と「文通」をしているという記事を読んだことがあります (Cathy Alter, 'How my father and son's pen-pal relationship became a lifeline for us all', *The Washington Post*, April 20, 2020)。七歳の誕生日に祖父からもらったタイプライターでレオは手紙をタイプします。

母親は次のように書いています。

「この新しいソーシャル・ディスタンシングの時代、私の息子と父の距離を埋めるのは Zoom でも FaceTime でもなく、古きよき時代の snail mail（カタツムリ便）だ」

snail mail というのは、電子メールに比べて時間がかかる通常の郵便のことです。しかし、その郵便による文通がレオと祖父を結びつけたのです。レオの手紙は「コロナ禍の小さなタイムカプセル」です。孫のタイムカプセルを開ける時の祖父の喜びが私にはよくわかります。

条件で相手を選ぶ人たち

自分が会う人を選ぶ側に立っていれば選択したのは自分なので、そのために人からよく思われず孤独になってもやむをえないと思えます。しかし、視点を変えると、他の人も自分を会うべき人、会いたい人として選ばない可能性があります。

もちろん、「あなたとはこういう理由で会えない」とか、「あなたはどうしても会いたい人ではない」というようなことを面と向かっていう人はいないでしょうが、いつの間にか人と会う機会が少なくなったのに気づくことになります。

こうして、以前は自分が孤独になるとは思ってもいなかった人も、他者から選ばれないかもしれないと、孤独を恐れるようになります。一人でいることではなく、対人関係の中で自分が選ばれず、仲間外れにされる事態を恐れるのです。

また、自分の価値を他者からの評価で測ってきた人であれば、自分のまわりから人がいなくなると、自分は選ばれなかったのだと思って自信をなくしたり、自分の価値が下がったと考えたりするようになります。

コロナ禍においては「つながりの格差」が生まれると考える人がいます。これは人に選ばれる「資源」を持っている人とそうでない人との格差です。資源を持っているというのは、人から会いたい、あるいは会わなければならないと思われる条件を備えているということです。その意味で資源を持っていれば、どんな状況でも人と会えますが、資源を持っていなければ、社会から孤立し孤独になるというのです。

コロナ禍の今は、人と会うか会わないかを決めなければならない場面があります。そこで、人からつながりを求められる人と、つながりを切られる人との格差が生まれている。「資源」を持っていない人は自分の意思とは関係なく孤立する。そこで、人とつながれる人とそうでない人の格差が生じたため、以前は孤独に生きることを自分で選択できたが、今は選択できることではなくなり、資源を持たない人は孤独を強いられる——というわけです。

問題は「資源」の内実、すなわち何をもって選ばれるかという基準です。人と会いたくない時は、先に見たように、会わない理由や誘いを断る方便が必要な時もありますが、人に会いたい時は、ただ単に会いたいから会いたいのであって、相手に社会的地位や年収、また外見のようなことを人に会う理由にしているとすれば、かなり奇怪であるといわなければなりません。

契約などを結ぶため、にこやかに愛想を振りまいて会いたいといってくる人は、相手に資源があるからです。貯金の残高が少なければ、銀行員は近づいてきません。資源を持っていると判断した途端に態度を変えるような人を信じることはできません。

社会的地位や年収、また外見のような基準で人を選ぶ人、あるいは自分にとって付き合うことが有利であるかどうかを考えて会うか会わないかを決めるような人とは、付き合う必要はありません。

交友関係においても、会うか会わないかを何かの基準に照らして決める人は、もしも相手にその基準に適《かな》う条件がなくなったと判断すれば、何のためらいもなく関係を切るに違いありません。そのような人に選ばれなかったとしても、そのことで孤独になったと考えなくていいのです。

人と会う時に、会いたいという以外の理由を必要とするような人は、エラい人から会いたいといわれたら、約束を平気で反故にするでしょう。

他者に依存的な人は、自分が選ばれないことに絶望するかもしれませんが、自立した人であれば、外的な条件で選ぶような人に選ばれなくても孤独であるとは感じないでしょう。

孤高に生きる

ローマ皇帝のマルクス・アウレリウスが、次のようにいっています。

「絶えず波が打ち寄せる岬のようであれ。岬は厳として立ち、水の泡立ちはその周りで眠る」（『自省録』）

他の人が自分にしたことやいったことは、岬に打ち寄せる波の飛沫《ひまつ》のようなものです。厳として立っていれば、波の飛沫に煩わされることなく、それらは静まり眠ります。どうすれば岬のようになれるのか。

まず、他者からの評価は、自分の価値とは関係がないことを知らなければなりません。だから、人からよく思われなくていいのです。たとえ仲間から外されることになったとしても、その仲間に属する条件を欠いていたというだけのことであり、自分の価値はいささかも減じません。

このことを私は就職活動をする若い人たちに話してきました。就職できなければ意味がないと思う人もいるでしょうが、会社に入るために自分の魂を売り渡すようなことをしてはいけないと私は考えています。つまり、他ならぬ「この私」を採用してほしいと思うことが大切で、会社に合わせる必要はないのです。ある会社に就職できなかったとしても、それはその会社が求める人材ではないと判断されたにすぎません。そもそも、「人材」を採用しようとするような会社は、「個人」を見ていないのです。他の誰にでも代替可能な「モノ」としての社員が必要なだけです。

個人間の評価であれば、なおさら気に留める必要などありません。自分のことをよく見ている人もいれば、そうでない人もいるというだけのことです。

怖いことを怖いといわせない社会

次に大切なのは、自分の置かれている状況で何をするのが必要なのかを正しく判断できることです。その判断のためには、知性が必要です。正しく判断するためには、孤独である覚悟も必要です。

三木清は次のようにいっています。

「すべての人間の悪は孤独であることができないところから生ずる」
（『人生論ノート』）

人からよく思われたい人、孤独を恐れる人はいうべきことをいわず、するべきことをしません。

孤独を恐れる人は、職場の不正を知ってもそれを告発しないかもしれません。あるいは、不正までとはいわないにしても上司や同僚の主張がおかしいと思っても、あえて異を唱えようとしないかもしれません。職場の和を乱すようなことや、何よりも上司や同僚からよく思われないことを恐れます。そうなると、職場に悪が蔓延《はびこ》ります。

他者からどう思われるかを恐れず、いうべきことをいえば、孤独になるかもしれませんが、悪は蔓延りません。

自分が人からどう思われるかということと、正義や理に適っていることのどちらを優先させなければならないか――それは自明のことだと思うのですが、悪を告発すれば、人からよく思われないばかりか、不利な立場に置かれてしまうのが現実です。

新型コロナウイルスへの感染を恐れて休場を申し出た力士が、そのような理由で休場するのは認められないと相撲協会からいわれ、引退を余儀なくされました。同じく感染対策を理由に結婚式への出席を拒んだために、親戚同士がいがみ合うようになったという話も耳にします。あるいは「感染が落ち着いてきたから、リモートワークはしないで出社するように」と会社からいわれたら、断ることは難しいでしょう。

「コロナと結婚式とどちらが大事なのか」と迫る親戚と今後も長く付き合わないといけないとしたら、無下には断れないかもしれません。出社を断れば、仕事を失うはめに陥るかもしれません。

たしかに現実的には正義や理を貫くのは困難なことがあります。しかし、生命の危険を冒してまで他者の意向を付度《そんたく》しなければならないのかは考えなければなりません。怖いことを怖いといわせない社会は、コロナウイルス以上に怖いです。

仲間は必ずいる

人と会えなくなったからといって、必ず孤独になるわけではありません。条件で付き合う相手を選ぶような人や正当な主張を受け入れようとしない人と付き合わないでいられたら、むしろ清々《せいせい》するといっていいくらいです。

そのような人が目の前から消えても孤独だと思わなくてもいいのは、自分を受け入れてくれる人が他に必ずいるからです。このことは私も実感したことがあります。

癌《がん》であることがわかった作家が、「終わった人」と思われたくないので、病気であることを編集者に隠していたという話を聞いたことがあります。

私も心筋梗塞《しんきんこうそく》で倒れた時に、近く出版されることになっていた本の校正刷りが届いたのですが、編集者に入院の事実を明かしませんでした。今から思えば、病気で入院中なので締め切りを延ばしてほしいといえばよかったでしょうし、病気を打ち明けたとしても出版が取りやめになったはずはないのですが、私はそれを恐れたのでした。

実際、入院したために、その時教えていた学校の講師の職を解かれるということが起きたのです。次の週に出講できないのであれば、すぐに代わりの講師を探さなければならなかったからなのでしょうが、一ヵ月で退院できると主治医にいわれていたのですぐに復帰するつもりでいた私は、この解雇を不当だと思いました。常勤であればこのようなことにはならなかったでしょう。私の生命よりも、次の週に休講しないことの方が大事なのかと思いますが、私自身が入院していることを伏せて校正の仕事をやり遂げようと思ったのですから、私も学校も根底にあるものは同じなのです。生命よりも仕事が大切だという考えです。

このようなことがあった時に、一つの考え方は、仕事なのだから他の誰かが代われるのであれば、他の人が引き継ぐのが当然だということです。一見、もっともらしい理屈ですが、病気や、先に見た力士のようにコロナウイルス等の不可抗力によって仕事を切られると、代わりはいくらでもいると、生命よりも仕事が優先されていると思うからです。このような経験をすると、この世界は殺伐《さつばつ》とし人を信じられないと感じてしまいますが、いつもそのようなことばかり起きるわけではありません。

この時、私にとって幸いだったのは、別の学校からは、必ず復帰してほしいといわれたことでした。この言葉が励みになり、入院したのは四月でしたが、六月には教壇に立つことができました。

仕事でない場面では、さらに人のことを信じられず、自分を受け入れてくれる人は誰もいないと思う人がいるかもしれません。しかし、これまでの人生を振り返れば、そんなはずはないと思い当たるのではないでしょうか。

例えば、電車の中で救いを求める人がいたとしたら、事情が許す限り力になろうとするのではないでしょうか。

反対に、自分が助けを必要とする立場に置かれた時には、「はたして自分を助けてくれる人はいるだろうか」と考えるよりも前に助けを求めるでしょう。誰かから助けを求められたら、自分も助ける用意があることを知っているからです。実際、無視されることはないでしょう。

道をたずねる時も、「この人ははたして道を教えてくれるだろうか」といちいち考えません。もしも最初にたずねた人が道を知らなければ、別の人にたずねるだけのことです。中には立ち止まらないで通り過ぎる人がいるかもしれませんが、だからといって、これからは誰にも道をたずねないでおこうとは思わないでしょう。

このような無条件の信頼に根ざした対人関係こそが本来のあり方です。コロナ禍で、他の人が自分を会うべき人、会いたい人として選ばないかもしれないという話に戻ると、現状では誰と会うかに優先順位をつけないわけにはいきません。しかし、外的な条件でこの人は自分にとって会うのが有利かどうかを決める人が仮に存在するとしても、そのような人の方が例外であり、むしろ条件なしに会いたいと思ってくれる人の方が多いと考えていいのです。そのような人とのつながりを感じられれば、孤独になることはありません。今は真の友人を見つける好機といえます。

それは子ども自身が決めること

ところで、コロナ禍によって孤独は大人のみならず、子どもたちをも襲いました。新型コロナウイルスの感染が広がって間もなくの頃、突如として全国一斉に休校措置が取られました。そうなると、それまで普通に学校に通っていた子どもたちも学校に通わず〝ステイホーム〟を強いられました。多くの子どもたちが文字通りの「不登校」を経験したわけです。

そんな中、休校前から不登校だった子どもたちが、オンライン授業なら参加できたという事例が多く報告されています。コロナ禍以前にも、私は、学校に行かなくなった子どものことで親から相談を受けることがよくありました。親は困惑し、何とかして学校に行かせたいといいます。

しかし、学校に行く、行かないは子どもが決めることで、親は原則的にはどうすることもできません。最初のうちは子どもを学校に行かせるのは親の義務だと、無理矢理子どもを学校に向かわせようとした親が、それが不可能と思い知ってようやく相談にくることがよくありました。

学校に行く行かないは子どもが決めることであると伝えると、多くの親は困惑しますが、親は子どもが自分で決める時期まで待つしかありません。さらにいうと、親が子どもに学校に行かなくていいというのもおかしいのです。親が決めることではないからです。

このように考えると、子どもがいないところで、親とカウンセラーが子どもを学校に行かせる相談はできないことがわかるでしょう。本来子どもが決めることについては、親は子どもが話したいと思うまで待つしかありません。

子どもに学校の話をすると不機嫌になるという話はよく聞きました。そんな時、親は知らずして説教口調になっているはずです。子ども自身も学校に行かなくていいとまでは思っていないかもしれないのに、親から学校はどんなことがあっても行くものだというような正論を聞かされて嬉《うれ》しいはずがありません。

親から「早く学校へ行くように」といわれなくなったとしたら、子どもは自分で自分の人生をどう生きるかを決めなければなりません。親が子どもに代わって、子どもの人生を生きることはできないからです。

学校に行くことも含めて、どう生きるかは子どもの人生なのだから子どもに任せようと親が干渉しなくなった時に、子どもは動き始めます。それが学校に戻ることなのかはわかりませんが、自分で自分の人生を決められること、決めなければならないことを知るのは大切なことです。

親にできることはあまりありませんが、「何か力になれることがあるのならいってほしい」ということはできます。繰り返し述べているように、親に頼らず自分で決めるのが最善ですが、いざとなったら援助を求められることを知っているのと、そうでないのとでは安心感が違います。

たとえ親が理解してくれなくても、学校に行かないで家にいることを理解してくれる人が世の中に一人でもいることを知れば、不登校の子どもたちも孤独ではなくなるでしょう。

コロナ禍は不登校の子どもを救うか

コロナ禍の休校措置は、いわば強いられた不登校であり、自分の意思で学校に行かない不登校と同じではありません。とはいえ、一時的であっても皆が学校に行けない状況になると、学校で学ぶことにはどんな意味があるのかを多少なりとも考えないわけにはいかなくなります。

さらに、人生について考えた子どもも少なくなかったでしょう。勉強する目的は、いい成績を取って大学に進学することだと思っていた若い人は、これから先の人生を見通していたつもりだったかもしれませんが、いざ学校に行かない事態に直面すると、たちまちこれからの人生が見えなくなったのです。

このようなことは、何事も起こらなければ考えなかったかもしれません。朝起きれば学校に行くのが当然だと思っていたけれど、それは決して自明のことではないと気づく──すると、同じ状況に身を置くことによって、不登校だったクラスメイトの理解に少し近づけるかもしれません。親も同じです。以前は不登校の子どもの親の気持ちがわからなかったかもしれませんが、期せずして同じ経験をすることになったのです。

皆が行っているからと惰性で学校に行くのではなく、学校に行くことにはどんな意味があるのか、学校には必ず行かなければならないのかということについて、立ち止まって考えてみることは大切であると私は考えています。

長年教師をしてきた私は学校教育が重要であると知っているので、学校に行かなくてもいいとは考えていませんが、学校に戻ることが唯一の答えではありません。とりわけ、いじめに遭っているために不登校になった子どもが学校に戻ることは難しいでしょう。そのような子どもに学校に行くことを強いるよりも、学校を安全な場にするのが先決です。

今後もたびたび休校になるという事態が起こらないことを願っていますが、コロナ禍のデメリットが多々ある中、世の中のペースがゆっくりとしたものになるのは悪くありません。これまではすぐに解決しなければいけないと思われていた問題も、性急に答えを出そうとするのではなく、じっくり構えて考えられるようになれば、それはコロナ禍が生んだメリットといえます。

ソーシャル・ディスタンスは家族の絆を強めたか

今見てきたように、コロナ禍においては子どもも含めて家族が一緒に家で過ごせる時間が増えました。感染拡大を防ぐために人との接触を極力避けるようにいわれた時でも、同居家族との接触は例外とされてきました。職場の同僚や友人とは外で会食できなくなりましたが、家族とであれば許されました。しかし、そのことは、家族の絆を以前に増して強くしたかというと、必ずしもそうとはいえません。

もともとの関係がよくなければ、家族の接触が増えたからといって、親密にはなれません。むしろ、接触の機会が増えたために、以前にも増してぶつかるようになるかもしれません。

他方、遠く離れて住んでいる家族とは、これまでであれば盆や正月などに帰省して会うことができたのに会えなくなりました。しかし、そのことが家族との結びつきを弱めたかというと、そうではありません。これまでの関係がよければ、会えなくなったために、何とかして以前にも増してつながろうと努力して、親密な関係を築くことができます。反対に、会えないことで衝突が少なくなるのであれば、それ自体は家族に平和をもたらすともいえます。

問題は、これまで関係がよくなかった家族の場合、長い時間同じ空間で過ごすことになったために、いよいよ関係が悪くなることです。

接する時間が短ければぶつかる機会も少なくなりますが、家族間の対人関係をよくするためには、そのような消極的な方法ではなく、積極的な方法を考えなければなりません。

ヒントになるのは、定年退職して（多くの場合）夫（父親）が家にいる時間が増える時に、家族の対人関係のあり方が変わるケースです。

所属感、つまり何らかの共同体に所属していると感じられることは非常に重要であり、人間の基本的な欲求だといえます。ところが、生涯仕事に命をかけてきたような人であれば、定年退職するや否や会社という居場所を失ってしまうのです。

定年後しばらくは、朝早く起きなくてもよく、満員電車に乗って通勤する必要がなくなったことが嬉しいと思った人も、その喜びは一ヵ月も続きません。会社に行く必要もないのに、今でもまだ自分が必要とされていると思い込んで、会社に顔を見せに行ったりしますが、歓迎されていない雰囲気を感じ取ってすぐに足が遠のきます。

しかし、家にいても何もすることはなく、家族からいい顔をされないので、いたたまれなくなって外出するようになります。ところが、外で長い時間を過ごせるわけもなく、家に戻ってもそこが自分の居場所ではないことを実感します。

そのような人が家族とぶつかるのは、家族という共同体の中に自分の居場所を見出せないからです。かつての会社員時代なら組織の中である程度重視されていたことを感じていたのに、家庭ではその実感を持つことができないのです。

しかし、これは家族とぶつかる本当の原因ではありません。家庭の中には自分の居場所がないということを確信するために、あえて家族とぶつかる方法を選んでいるというのが本当です。そんなことはありえないと思われるかもしれませんが、これは屈折した承認欲求というべきで、厄介者として自分の存在を家族に印象づけようと試みて、そういうやり方で家庭に居場所を見出そうとしているのです。

しかし、家庭の中に自分の居場所を見出すために、わざわざ家族とぶつかる必要はありません。大切なのは、自分が仕事をしなくても家の中に居場所があり、自分に価値があると思えることです。

定年後の親もただ存在するだけで価値がある

仕事に自分の価値を見出していた人は、定年したらもはや自分には価値がないと思ってしまいます。こうした心境には病気になって会社に行けなくなった時にも陥ります。

私の父は肝炎を患って、病院に一ヵ月間の入院をした後、さらに自宅で半年療養していた時期があります。私が中学生の時だったので、父は四十代半ばでしたが、この間父が家族とぶつかったという記憶はありません。仕事に行けないからといって家庭に自分の居場所がないとは思っていなかったのでしょう。

枕元にラジオカセットを置き、一日中ＦＭ放送を聴くか録音したクラシック音楽を聴いていました。私が学校に行っている間にどんな様子だったかはわかりませんが、愚痴を聞いた覚えはありません。

どうすれば、仕事をしていなくても自分に価値があると思えるでしょう。もちろん、前々から趣味を持っていれば、それを極めることができるでしょう。しかし、仕事をしている頃に格別の趣味がなかった人であれば、趣味を見つけるところから始めなければならないと思うでしょう。

問題は、この趣味もまた同じく、自分に価値があると思えるためにしなければならないものだと考え始めた途端、何もしないで過ごすことが苦痛になってしまうことです。こうした場合、家族は何ができるか。それは、働かなくなったからといって、いささかも価値に変わりはないと伝えることです。「家の中にばかりいないで、外に出かけたらどう」というような小言はいわないことです。いわれた側からすれば、自分が軽んじられているとか、家庭には自分の居場所がないと感じてしまうからです。

何かをしなければ自分に価値があると思えないというのは劣等感なのです。生まれて間もない子どもは、自分の価値を認めてもらおうと思って何か特別なことをしたりしません。あるいは「いつまでも寝ていたら駄目でしょう」とは誰もいいません。自分のペースでゆったりと毎日を過ごしています。

大人も同じです。何をしていても格別の干渉をされることなく過ごせたら、心地よい「ソーシャル・ディスタンス」（対人関係の距離）を保ちながら生活できることでしょう。

なぜ「自粛要請」に自発的に従うのか

目を家庭から社会へと転じて、コロナ禍で生まれた孤独について考察を続けていきましょう。

日本のコロナ対応には、政府や首長からの「自粛要請」に対して、国民が自発的に従うという特徴がありました。他国のように都市をロックダウンせず、また個人の動きを情報ツールによって監視したり管理したりもせず、強権的な統治手法で感染を封じ込めたりすることはありませんでした。

国民が自発的に従うことについて、民度が高いというようなことをいう人がいましたが、これを政府がいうのは間違っています。政府は無策だったのに、国民性のおかげで何もしなくてもコロナの感染拡大を抑えられたと、無策を合理化しているように聞こえます。

しかし、国民の側からいえば、多くの人は罰則規定がなくても、当然のようにマスクを着用しています。これは、感染拡大を防止するために自分に何ができるかということを考えた末の結果でしょう。他者からどう思われるか、皆と同じようにしないと孤立することを恐れて、右へ倣えと皆に従ったからではありません。

中には、マスクをしていなければ白い目で見られるからという理由で着用する人もいるでしょうが、感染が拡大すると、多くの人は政府が無策であっても自分で自分の身を守るしかないと考えて、自発的にマスクを身に着けているはずです。最初は誰かから強制されたのかもしれませんが、きっかけはともかく、後はどうすればいいかを自分で判断できなければなりません。マスク着用が定着したのは、自分で判断し、かつその効果を実感したからです。

しかし、人目を恐れたからでも、強制されたからでもなく、感染したくないという恐怖感からマスクをしていたのであれば、感染者数が少なくなればマスクをしない人が増えてくるでしょう。

もちろん、マスクをしないですむことはありがたいですが、判断はあくまでも科学の知見によるのでなければなりません。この時、マスクは必要ないではないかという大勢に流されることは、再度感染拡大につながる可能性があります。

人間関係の根底には、無条件の信頼があることを先に見ました。助けが必要な時は、誰からも助けてもらえないなどとは思わずに、助けを求めます。実際、助けてくれる人はいます。

コロナウイルスについても、先に見たように、誰かから強制されたわけでもなく、自分もマスクをするけれども、他の人もそうすることが感染を収束させるために有用だと考えて、自主的にマスクをしていると見た方が、今起こっている事態を正しく見ていることになるでしょう。

マスクの着用は、道徳の問題ではないことにも注目しなければなりません。マスク着用の強制は人権問題だと考える人もいますが、そういう問題ではなく、ただ公衆衛生、安全の問題です。

自粛を「要請」されただけなのに、多くの人がそれに従うのは、自分の安全を確保したいからであり、そのためにできることはマスクをすることであると「自分で」判断しているはずです。

誰もがまず人から感染させられたくないと考えているのですから、決して自分がマスクを着用することが皆のためになると考えているわけではないかもしれません。しかし、冷静に考えれば、感染を防ぐためにマスクをし、外出を控えることが、同時に他人に感染させないのだとわかるはずです。

自分のためだけにマスクをしているわけではなく、人に感染させないためにしていることに思い至らない人がいます。そのような人は、自分の利害しか考えずに、「私は自由に生きる、マスクはしない、感染しても誰も恨まない」というようなことをいうのです。

「自粛警察」をめぐって

今回のコロナ禍はしばしば「災害級」といわれますが、過去の災害を振り返ると関東大震災の時には通信が途絶え、食糧と飲料水に窮し、権力・富・文化が消えました。そして、そのことによって生じた空白は何かによって埋められなければなりませんでした。社会学者の清水幾太郎《いくたろう》は次のようにいっています。

「空白を埋めたもの、従って、新しい現実を構成したものは、集団としては自警団であり、観念としては流言蜚語《りゅうげんひご》であった」（『流言蜚語』）

コロナ禍においては治安への不安はなかったので、自警団が作られることはありませんでしたが、感染症対策が十分ではないと感じた人たちが、いわゆる「自粛警察」と化して市民を監視したのと、よく似た事態です。ウイルスは目に見えないので、先が見えない不安を感じた人が、感染拡大の原因を特定し、例えばマスクをしない人を攻撃したのです。

自分自身は「自粛」しない店に電話をかけたり、マスクをしない人に罵声《ばせい》を浴びせかけたりしないまでも、行き場のない不安を解消するために、必要な行動制限、マスクの着用などの感染対策をしない人のせいで、いつまでも感染が収束しないのだと考えること自体、好ましくはありません。

感染が広まった初期の頃には、感染者を攻撃する人たちがいました。誰しも感染を望んでいるはずはなく、どれほど注意していても感染してしまうのですから、感染者を攻撃しても意味はありません。このような風潮が広がり、社会が分断されると、皆が協力して感染拡大を抑えていかなければならないのに、それとは関係ないところに余計なエネルギーが向けられてしまうことになります。

感染した人やマスクをしない人（病気などのためにマスクを着用できないことがあります）が攻撃されてしまった時に、それは行き過ぎであり誤っていると知っている人が必ずいます。その事実を知っていれば、互いを監視するように見える殺伐とした社会にあっても、孤独ではなくなるでしょう。

他者をなぜ攻撃するのか

「自粛警察」のように、他者に正論を振りかざして「皆と同じようにしろ」と強いる人がいます。同じことをしようとしない人を裁きたい人は、いつの時代にもいるものです。

感染拡大防止のためにマスクをすることは、自分だけがしても十分な効果がないのは本当です。しかし、だからといって、マスクをしない人を見つけた時、大きな声で注意しても当然ということにはなりません。

他者が協力的でないからといって見張ったり、営業時間を守らない店に抗議の電話をかけたりする人がいます。たしかに閉ざされた空間の中でマスクをしない人がいれば、感染を恐れ、自分の身を守らなければならないと考えるのは当然でしょう。だからこそ、自分も他の人が感染しないように心がけるのです。

ところが、アドラーの言葉を引くなら、「大抵、このような個人的な防衛が、通常、再び他の人を害することと結びついている」（『性格の心理学』）のです。

他の人を害することはなくても、感染した人に敵意を持つ人がいます。誰も感染を望んでいません。どれほど気をつけていても感染することはありえます。それにもかかわらず、感染した人を責め、その人に対して憎しみを持つ人がいるのです。

このようにあからさまに敵意や憎しみを見せなくても、他者を批判することには憎しみが隠されているとアドラーは考えています。

「憎しみの感情はいつも直線的でも明らかになるわけでもなく、時として、ベールで覆われているということ、それは例えば批判的態度という、より洗練された形を取りうるということを忘れてはならない」（前掲書）

このような人は、他者を批判することで優越感を持ちたいのです。アドラーは「価値低減傾向」という言い方をします。つまり、他者の価値を貶《おとし》める、今の例でいえば、マスクを着用していない人を大声で注意をすることで、相対的に自分の価値を高めようとする行為です。

自分の価値を高めるために他者を叱りつけるのは、自分のために行っているのです。三木がいう「公憤」はそうしたものとは違います（第六章で詳述）。理不尽な目に遭った時に、あるいは自分の尊厳が傷つけられた時に、黙っていないでその不当さを訴えることは、他者に怒りの感情をぶつける行為とは違います。それは自分のためだけではなく、同じような立場に置かれたすべての人のためになるのです。

個人的に感情をぶつける人は、自分にしか関心がありません。これに対して、理不尽なことがある時に声を上げる人は、他者に関心があるのです。

このように「警察」側につく人は多数派でいたいのです。彼ら、彼女らは孤独になることを恐れているのです。

それでは、こうした孤独をどうすればいいか、少しずつ考えていきます。

第二章　対人関係の中での孤独——友人、職場、家族

対人関係は悩みの源泉

孤独を感じるのは、何か対人関係の問題が起きて一人でいることを余儀なくされたためというケースがしばしばあります。

友人だと思っていたら、知らない間に仲間外れにされていたり、親しい人からも理解されなかったり……そういう経験をすると、生きるのは苦しいことだと思わずにはいられません。

前章ではコロナ禍に焦点を当てて、一人でいることが必ずしも孤独であるわけではないこと、条件で人を選ぶような人とは付き合う必要はなく、会えないことで孤独を感じる必要はないことを見ました。

他方、自分を理解してくれる真の仲間がいて、その人と結びついていると感じられれば、孤独ではなくなるということも考察しました。

本章ではさらに対人関係をめぐる問題を例にあげながら、孤独との向き合い方を考えてみましょう。

そんな「友人」なら、いなくてもいい

コロナ禍で「つながりの格差」によって、人と会えずに孤独になる人がいるということを先述しました。世間的な価値観に照らして会うに値しないと判断するような人たちや、条件付きで友人を選ぶような人とは会わなくてもいいと思います。そのような人たちが、自分のもとから去っていっても仕方ありません。以前は友人だと思っていた人が実は本当の友人ではないことがはっきりしたのですから、それはむしろよかったといってもいいくらいです。そうした人たちとはコロナ禍がなかったとしても、いずれ何かをきっかけに交友が続かなくなったことでしょう。

本当の友人というのは相手に何の条件も付けずに、何があっても味方になる人です。

これに対し、その時々で付き合うことが自分にとって有利かどうかで近づいてきたり、

離れていったりするような人もいますが、そのことで心を煩わせる必要はありません。そのような友人がどれほどたくさんいても、意味はないのです。

高校時代に私は友人がいませんでした。心配した親が担任の教師に相談したところ、私は「友人を必要としない」と先生から評されたことを今も時折思い出します。

この話をSNSで書いたところ、友人がいないというのは「共同体感覚」がないからではないのかと批判されました。共同体感覚はアドラーの使った言葉で、それがどういう意味かはこの後すぐに説明しますが、友人が多いとか、誰とも仲良くできるというようなことは、共同体感覚とは何の関係もありません。

共同体感覚というのは、人と人とが敵対しているのではなく、結びついていると感じられることです。当たり前のことのように聞こえるかもしれませんが、他人を信じられず、隙あらば自分を罠《わな》に陥れるかもしれないと警戒心を抱く人は多いです。他人と関わって、嫌われたり憎まれたりしたことがある人は、その経験を一般化して、人というものは概して怖い存在だと思い、関わりを避けるようになります。

しかし、人と人は本来的には「仲間」であるとアドラーは考えます。仲間はドイツ語ではMitmenschenで、その原義は「人と人とが（敵対しているのではなく）結びついている」ということです。他の人は必要があれば自分を援助してくれると思える人は、他者を「仲間」と見ているのです。他者をそのような人と見なせる人に共同体感覚があるのであって、友だちの多寡と共同体感覚の有無は関係がありません。

私は今何か特別なことをいっているわけではありません。例えば先に見たように、電車の中で助けを必要とした時に助けを求め、助けを求められた人が誰であるかは関係なく事情が許せば助けようとするというような話です。

このように考えると、人と会うか会わないかを何らかの基準で決めるようなこと、あるいは、自分にとって付き合うのが有利かどうかを考えて友だちを選ぶようなことは、本来的な対人関係においてはありえないことなのです。

友人を何らかの条件で選ぶような人は、本当の意味での友人とはいえません。友人というのは、必要かそうでないかという基準で選ぶものではありません。そのような人がまわりにどれほどたくさんいても、自慢できるようなものではありません。このように考えると、私の高校時代の担任の先生が、私を「友人を必要としない」と評したことの意味がわかります。当時は携帯端末などありませんでしたが、私にはいつも行動を共にしたり、絶え間なく連絡を取り合ったりする友人は一人もいませんでした。しかし、だからといって、私が孤独だったかというとそうではありません。

人の上に立とうとする人たち

先に見た「仲間」といえるような人がいるかどうかだけが重要です。つまり、いつも一緒にいなくてもいい関係であり、また付き合うことが得かそうでないかと考えなくてよい関係です。逆に、行動を共にしていなければいけない関係、また絶えず連絡を取り合っていなければ自分から離れていくのではないかと不安になるような関係は、友人であれ恋人であれ「仲間」とはいえません。

友人が離れていくこと、また「仲間」と出会えないこと——その原因が他者の側にあるのではなく、自分の側にある場合、厄介な問題が引き起こされてしまいます。

そのような人は友人が離れていく理由を得てして知りません。しかし、まわりの人は知っているのです。もちろん、それをわざわざ指摘する人はいないでしょう。

自分の子どもから人を馬鹿にしていると非難されたという人がいました。そういわれても、どう改めていいかわからない親は多いでしょう。しかし、まず、自分が人を馬鹿にするような態度を取ってきたことに気づき、次にどう改めればいいかを考え、実際に態度を変えなければ、やがて友人を失うだけでなく、家族の中でも孤立することになります。

このような態度を取る人が他者との間で築く対人関係のあり方は、対等ではありません。そのような人は、すべての人と対等な関係を築くことができません。部下の前では上、同僚の前では対等、そして上司の前では下……というように対人関係の構えを変えることはできないということです。

なぜ対等の関係を築けず人の上に立とうとするのかといえば、普通にしていれば、自分が無能力であることが見透かされると思うからです。劣等感があるのです。本当に優れている人はただ優れているので、わざわざ優れていることを誇示しません。逆に、自分は他の人ほど優れていないと思っている人は、自分が優れていないこと、無能であることを隠すために人を馬鹿にするような態度を取ります。

そのような人は、職場であれば、部下を強い口調で叱りつけます。昔は当たり前の指導と見なされていたかもしれませんが、今はパワハラという言葉が使われるようになり、そのような言動をよしとしない人が増えてきました。

社会の変化に気づかないで部下を叱りつけ続けたら、今の時代は友人がいなくなり、職場でも、さらには家庭でも孤立してしまいます。

どうすればこのような態度を変えられるでしょうか。まず、優越感を持つのをやめなければなりません。優越感は劣等感の裏返しです。役職が上がっても、偉くなるわけではありません。ただ、仕事内容が変わり、より大きな責任を負わなければならないということに過ぎません。

役職が違うだけで、皆が人間としては対等なのです。最初は形から入るしかありません。頭ごなしに叱りつけるのはやめること、何かしてほしいことがあれば、命令しないでお願いをすること、仕事をした部下に「ありがとう」といってみること、言葉遣いを意識して丁寧にすること等々。

このようなことをして、自分の気持ちの変化とまわりの人の態度の変化を冷静に観察できるようになれば、ほどなく対人関係が変わったことに気づくでしょう。

もっとも、まわりの人は突然の変化に驚いたり、困惑したりします。職場では起こらないでしょうが、家庭では親が突然態度を変えると、にわかには親の変化を信じられない子どもが親を挑発することがあります。その時、以前と同じように、大きな声で叱れば、「結局、何も変わってはいないではないか」といわれるかもしれません。職場や家庭などで孤立したくないのであれば、このようなことが起こりうる事態も覚悟して、関係を変える努力をしなければなりません。

職場、「ママ友」――友人ではないのに付き合うべきか?

友人との関係から話を始めましたが、友人ほどは対人関係の距離が近くない関係はどうでしょう。友人ではないけれど、あまりにそっけない態度を取るわけにはいかないような相手との関係を見てみましょう。

職場での対人関係はその一つの例で、一緒に仕事をしているだけで親しくなる必要はないと思ってみても、誰とも口をきかないで黙々と仕事をすることは難しいでしょう。「愛想はいいけれども仕事ができない人」か、「愛想はよくないけれども仕事はできる人」か、どちらを採用するかという選択を迫られたら私は間違いなく後者だと思います。もっとも、まわりに気を遣わせる人は厄介ですが、そうではなく、仕事に専念し、プライベートの付き合いを断る人がいれば、それを見て自分もそんなふうにできたらどれほど清々するだろうとうらやましく思う人もいるでしょう。

仕事と交友に厳格に線を引ける人は、たとえ職場で浮いてしまっても孤独を感じることはありませんが、それは難しいと感じる人は、上司も含め、まわりの人にそこそこ愛想よくしないといけないと思い、職場での孤立を恐れることでしょう。

それでも、仕事以外の面では、職場の人との距離を置こうと決心したとします。そのことで、仕事の場で多少不利な目に遭うことになろうとも、自分がどうするかを考えればいいことです。しかし、自分の決心が他の人にも影響を及ぼすかもしれないと思うと、決心は鈍ります。

「ママ友」といわれるような、子どもを介した親同士の付き合いは、その一つの例になります。相手の親と仲良くしたくなくても、子どものために親同士が付き合わなければならないと考える人がいます。親と付き合う必要はないと思ってみても、そのことで子どもが学校などで友だちの輪に入れなくなるのを恐れるからです。

子どもが誰と付き合うかは子どもの課題です。子どもが小さければ、親が他の子どもに「この子と遊んでやって」と頼めるかもしれませんが、うまくいかないケースは当然あります。幼い子ども同士であっても、気が合わないことがあるからです。

誰と仲良くするかは子どもが自分で決めることで、親の出る幕はありません。喧嘩をしたりして仲たがいをする時もありますが、それも親は解決できません。子どもが自分で解決するしかないのです。

しかし、もしも子どもの側から持ちかけられれば、親は相談に乗ることはできます。その場合も、親は自分の意見を伝えるだけであって、交友関係に口出しはできません。たずねられたことにしか答えないということです。「友だちと喧嘩したけどどうしたらいいか」とたずねられたら、例えば、謝罪の手紙を書いてみたらと助言できますが、「そんな子と付き合うのはやめなさい」というようなことはいえません。

子どもが交友関係でつまずき、一人ぼっちになって寂しそうにしているとしても、相談してこない限り、子どもが自分で解決するのを親は見守るしかありません。学校で友だちともめて意気消沈している子どもに、何かあったのかと親は問い詰めてしまいますが、そんな対応をすれば、子どもは頑《かたく》なになって親に何も話そうとしなくなります。

ある母親は子どもが寂しそうにしている時、私の助言通りに声をかけました。

「お母さんに何かできることない？」

そう問われた子どもは即答しました。

「うん、ある。放っておいて」

翌日、子どもは晴れ晴れとした表情で、学校から帰ってきました。そして、こういいました。

「昨日は友だちと喧嘩をしてつらかったけれど、今日は仲直りできてよかった」

それを聞いた親はこう思いました。

「私は何もできなかったけれど、子どもが自分の問題を自分で解決できたのを知って嬉しかった」と。子どもが自分の課題を自分で解決できるのだと、親は子どもを信頼できなければなりません。

話を戻しましょう。子どものために好きではない「ママ友」「パパ友」と付き合う必要はありません。子どもは自力で友だちを作ることができるからです。子どもの交友関係に親が立ち入ってはいけませんし、立ち入ることなどできないのです。

たとえ誰一人友人がいないとしても、そのことで子どもがつらい思いをしていたり、孤独を感じていたりするとは限りません。むしろ、好きでもない友だちの中にいることの方が、楽しくないこともあります。これは親も同じです。

親同士が付き合ってはいけない理由はもちろんありません。学生の頃から付き合っている人もいるでしょうし、子どもが幼稚園や保育園に通い始めたので、そこで新たに出会った人もいるでしょう。大事なことは、子どもを介して知り合ったとしても、その後は子どもとは関係なく付き合ってもいいということです。

親同士が仲たがいをするケースもありえます。その時も、それが子どもの対人関係に影響を与えることがあってはならないのです。

嫌われることを恐れるな

今、好きでもないママ友との付き合いは無理しなくていいと書きましたが、「嫌われたくない」という気持ちを持つ人は少なくないようです。『嫌われる勇気』はそうした人々から支持を受けたのだと思います。しかし、この本が出版されて以来、「嫌われる勇気」という言葉だけが一人歩きしてきた感があります。嫌われてもいうべきことはいわないといけないというような主張をする人がいますが、その当人は十分嫌われているので、その上、嫌われる勇気は必要ではありません。本当にいうべきことをいったからといって、それが正論であれば嫌われるはずはありません。聞いた人は納得するはずです。納得を得られないのであれば、さらにきちんと説明を加えればいいのです。話の内容と話す人の好き嫌いは、本来関係がありません。

どんな人に「嫌われる勇気」が必要かといえば、同調圧力に屈したり、空気を読みすぎたりして、いいたいことをいえない人であり、また、人から嫌われることを恐れて自分の人生を生きられない人です。そのような人に、わざわざ「人から嫌われなさい」といっているわけではなく、「嫌われることを恐れなくていい」といいたいのです。

カウンセリングをしていた頃、自分は他の人と違って明るくはない、暗い自分の性格を何とかしたいという若い人にたくさん会いました。自分の性格を変えられないわけではありません。なぜなら、性格は生まれつきのものではなく、後になって自分で選んだものだからです。

対人関係の中で積極的にならないことには理由があります。それは対人関係の中に入っていかないためです。アドラーは「あらゆる悩みは対人関係の悩みである」といっています。人と関われば、何らかの摩擦が起きないわけにはいきません。そこで、傷つけられたくないと思って、対人関係の中に入っていこうとしない人がいても不思議ではありません。

そのような人に私は、「あなたは自分の言動が他の人にどう受け止められるかを意識できる人だと思う、だからこれまで少なくとも故意に人を傷つけるような言動をとったことはないのではないか」とたずねます。「少なくとも」といわなければならないのは、自分がそのつもりでなくても、誰かを傷つけるという可能性はありうるからです。こういうと、多くの人は同意します。

私は続けてこういいます。「あなたは自分のこと暗いというけれども、本当は『暗い』のではなく『優しい』のである」。このことも多くの人が同意します。

かくて、自分を優しいと思えるようになった人は、前は自分が暗いことを理由に対人関係の中に入っていこうとしなかったでしょうが、今や優しい自分を受け入れることができたので、積極的ではないにしても、人と関わろうと思えるようになります。

もちろん、これは程度問題なので、人の気持ちがあまりにわかりすぎ、人を傷つけないでおこうと思う人は、いいたいことがあってもいえず、しなければならないことがあってもできません。そこで、これくらい相手の気持ちに配慮できる人に対して、自分の考えを思い切って伝えられるようになる援助をします。その話の中で、人から嫌われることを恐れてはいけないという話をするのです。

一度もしたことがないことはできません。しかし、一度勇気を出して、自分のいいたいことをはっきりといってみると、心配していたほど怖い事態は起こらないとわかります。このような経験を一度でもすれば、同じことをその後何度でもできるようになります。

人との摩擦や衝突を回避することはできませんが、その場合でも、自分は他の人の期待を満たすために生きているわけではないという事実を知らなければなりません。人に合わせていれば波風は立ちませんし、誰からも嫌われることはありません。その代わり、自分の人生を生きられなくなります。

自分の対人関係を見直した時、自分を嫌う相手が誰もいない人は自由に生きられていないのです。反対に、自分を嫌う相手がいるとすれば、人から嫌われるということは、自分が自由に生きていることの証《あかし》ですし、自由に生きるためには、嫌われることは支払わなければならない代償だと考えなければなりません。

しかし、あらゆる人に嫌われて孤独になるということは起こりません。実際のところ、自分の考えを大半の人はきちんと理解してくれるはずです。きっと反対されるだろうと思う人は、他者を信頼できていないのです。

誰も人生を自分の代わりに生きることはできない

多数派でいたい人は孤独を恐れていることを、第一章で自粛警察を例にして考察しました。これは行動のみならず、社会的な価値観やライフスタイルについても当てはまります。

ある時、電車の中で隣の席にすわっていた青年から「今、何を読んでいるのですか」と話しかけられたことがあります。電車の中で隣や前にすわっている人がどんな本を読んでいるかが気になる時はあります。最近は携帯端末を一生懸命見ている人は多くても、読書する姿を見かけることがあまりないので、本を読んでいる人がいるというだけで驚いてしまいます。

しかし、普通は知らない人に突然話しかけて質問したりはしないので、その青年の行動に驚きました。私はその時、読んでいた本に何が書いてあるのか簡単に話すと、彼はこんなことをいいました。

「僕は今うつ病で、入院するように勧められています。大人たちは僕に社会適応しろというのです。でも、それは僕の死を意味します。どうしたらいいですか」

彼は詳しい話をしませんでしたが、今は仕事をしていないのだろうと想像がつきました。学校を卒業すれば働くものだというのが常識的な考え方ですが、すぐには働かないでおこうと考える人もいるでしょう。また、しばらく働いた後で自分には向いていないと思って、勤めていた会社を辞めるということもあるでしょう。

そんな時に、自分の人生に干渉してくる人はいます。例えば親です。しかし、自分の人生をどう生きるかについて、親であろうと誰であろうと、他の人に決められる必要はありません。働いていても少しも幸福でないと感じるのであれば、仕事や勤め先が自分に向いていないからかもしれませんし、働き方にどこかしら改善すべき点があるからなのかもしれません。

端的にいえば、今の社会では、成功こそが人生の目標だという価値観が常識として受け入れられています。しかし、この目標を達成するべく、大学を卒業して名の知れた会社に就職したからといって、幸福だと感じられるかどうかはわかりません。

問題は二つあります。一つは、人は働くために生きているのではなく、生きるために、しかも幸福に生きるために働くということです。このことを知らない人は多くいます。一生懸命働いているのに幸福感を得られない人は、働くために生きているのです。

次に、自分の仕事が何らかの仕方で他者に貢献していると感じられなければ、どれほど高給であっても、幸福とは感じられません。

一日の多くの時間を仕事のために費やし、しかもその時間が苦痛でたまらないとか、早く退社の時間にならないかと時計の針を気にしてばかりいるのであれば、働き方に問題があるのです。

勤め先の会社がただ利潤の追求だけを重視していれば、その上、利益のためならどんな不正もかまわないという会社だとしたら、そこで働いていても、少しも貢献感を持てません。

会社に行けなくなってうつ状態になった若い人と話すことがよくありました。第一章で見た不登校の話と同じで、「今の生き方でいいのか」と立ち止まって考えられる人が、会社に行けなくなったりして、苦しい思いを抱きます。逆に、働けるのは、成功を目指す常識的な考え方に何の疑問も感じない人であることは理不尽です。

会社に行けず働かないでいると、まわりは放っておきません。これが電車で私に突然話しかけてきた青年が大人たちから社会適応を求められるといったことの意味です。

このような状況に置かれた人にこそ、「嫌われる勇気」を持ってほしいと思います。自分の人生だから自分で決めると主張しても、まわりの人はそれを受け入れないでしょう。そのため、誰からも理解してもらえないと孤独を感じるかもしれませんが、自分の人生は一体、自分以外の誰が生きてくれるというのでしょう。

むしろ、誰も自分の人生を自分の代わりに生きることはできないと知った時に、孤独を超えることができるといえます。人生について同じように考えている人は必ずいることを知っていなければなりません。

子どもは親から離れると孤独なのか

この章は友人関係の話題から入り、親子関係についても触れてきましたが、ここであらためて親子、そして夫婦という家族関係、恋人同士のパートナー関係などについて話を進めていきましょう。

子どもが問題行動を起こした時、その原因は愛情不足であり、親が子どもを抱きしめれば解決できると考える人がいます。

私の息子が保育園で保育士の話を聞こうとしないことがありました。担任の保育士は愛情不足が子どもの問題行動の原因だといいました。先生の話を聞かない原因が愛情不足であるということの意味が、私にはわかりませんでした。

子どもの問題行動は愛情不足が原因であるというようなことは、保育園に子どもを預けている親にいうべきことではありません。

親が子どもと接する時間が少ないと、子どもは孤独になると保育士は考えているのです。その孤独を癒やすのは本来親の役割なのに、それができていない親の子どもは問題行動を起こすと考えるのでしょう。

しかし、はたして子どもは親から離れて孤独なのかは自明ではありません。私は子どもたちの保育園への送り迎えを長年しました。朝見ていると、保育園で親と別れる時に泣く子どもはたしかにいましたが、それは通園し始めた当初だけで、すぐに笑顔で親と別れられるようになります。こうなると、むしろ親の方が子どもと別れる時に寂しそうに見えました。

話を戻すと、子どもが先生の話を聞かないのは、保育園という場における子どもと保育士の関係の問題であって、家庭での親と子どもの関係とは無縁です。私の息子は誰の話も聞かなかったわけではなく、家では親の話を聞いていました。ただ保育園で先生の話を聞かなかっただけなのです。

先生にどうしたらいいのかとたずねたところ、「子どもを抱きしめてください」といわれました。しかし、子どもを家で親が抱きしめれば、保育園で先生の話を聞くというのは、少しも論理的ではありません。

私は議論をしたくなかったので、「それでは、家で子どもを抱きしめます」といったら、保育士はいいました。

「お父さんでは駄目ですよ、お母さんでなければ」

なぜ？　こんなに頑張って毎日保育園に通っているのに私ではなぜ駄目？　私は困惑しました。

今もこのように考える人がいるのかわかりませんが、様々な事情から母親のいない子どももいるだろうに、「母親でないと駄目」とはひどいことをいう人だと思ってしまいました。

今の時代は、愛されているのにもっと愛されたい愛情飢餓の子ども、愛情過多の親は多いですが、愛情不足の子どもはいないといっていいくらいです。

アドラーが孤独の問題を取り上げなかったのは、甘やかされて育った子どもだけが親から離れた時に孤独を恐れることを知っていたからです。

親も子どもも一人でいることは必要

作家の落合恵子が母親の介護をしていた時、新幹線に乗っている時が休息の時間だったといっています（『母に歌う子守唄』）。私も経験があるのですが、もしも移動中に連絡があってもどうすることもできません。

家にいる時でも、介護士さんに父を任せている間に、コーヒーを飲みに行っていました。わずかな時間でしたが、一人で過ごしている間に充電することができました。一人暮らしをしていた父を実家に引き取った時には、既に父は認知症を患っていましたが、最初の頃はまだ一人でも過ごせたので、私は大学の講義に出かけることがありました。もっとも、これはその頃私がまだ父の状態を正しく理解していなかったということなのですが……。

それはともかく、一旦出かけてしまうと何かあってもすぐには戻れないと腹を括《くく》れるからか、父のことが心配ではありつつも、一人で過ごす時間を楽しむことができました。介護をしている時にはこんな時間が必要です。

子育ての時も、一人で過ごす時間は必要です。家族の協力が得られないと、実際には難しいことではありますし、保育園も基本的には働いていないと預かってもらうことはできませんが。

子どもを保育園や幼稚園に預けることができると、親は精神的な安定を得られます。

私が保育園に子どもの送り迎えをしていた時代には、「三歳までは子どもを親が育てないといけない」という三歳児神話がありましたが、そのようなことをいう人は自分では子育てに関わっていないのでしょう。

親が子どもを見ることができても、子どもと離れて過ごす時間は必要です。私が子どもたちを預けていたのは保育園だったので、ほとんどの親は働いていました。

仕事が休みの日は、親は嬉しそうに見えました。仕事が休みだからといって、子どもを預けないで一緒に過ごさなければならないわけではありません。子どもからも仕事からも離れて過ごせる時間は親にとって貴重です。一人で過ごせる時間があればこそ、子どもと過ごす時、その時間を楽しく過ごせるからです。同じことは子どもにもいえます。子どもも親から離れて過ごす時間が大切なのです。

親子が絶えず一緒にいることが大事だと考える人は、私が子どもを保育園に送り迎えしていた頃には多かったように思います。しかし、子育ての目標は自立なのですから、幼い時から子どもが親から離れても不安にならずに生きていけることが大切です。

スキンシップでは解消しないこじれ

子どものスキンシップが大事だという考えの延長で、身体の接触がないと「愛情不足」になると考える人がいるのかもしれませんが、夫婦や恋人のセックスレスが問題視されることがあります。

しかし、セックスのみならず、スキンシップすらなくても、そのことは二人の関係のよし悪しには関係がありません。

反対に、関係をよくするためにセックスをしてみたところで、二人の関係に距離を感じていたのであれば、逆に孤独感はいよいよ強くなります。心理的な距離は、身体の接触によっては少しも縮まらないのです。

何か問題があった時に、抱きしめたらそれで問題が解決するのなら、カップルがもめることはないでしょう。

問題はスキンシップ不足ではありません。コミュニケーションのあり方に改善の余地があるのです。これはパートナーとの関係も同じです。

「この人が好きだ」と思うのは、よいコミュニケーションができていると思える時です。相手を愛しているからよいコミュニケーションができるのではありません。

ただし、よいコミュニケーションができるというのは、上手に話せるという意味ではありません。黙っている時間が長くてもかまわないのです。何かを話さなければならないとか、上手に話さなければならないと思わないでいられることがよいコミュニケーションができるという意味です。

このような意味でのコミュニケーションが取れる人は、誰とでも同じように接することができます。

対人関係は基本的に同じなので、職場で尊敬されている上司が家庭では子どもに疎まれているとか、友人との関係がうまくいかない人がパートナーや恋人との関係はうまくいっているということはないのです。いずれかの関係がうまくいっていなければ、その人の対人関係の築き方のどこかに改善するべき点があるのです。

仕事であれば他の人と仕事上だけで付き合うこともできますが（先に見たように、そのように割り切るのは簡単ではありませんが）、友人であれば共に過ごす時間は長くなります。恋人や結婚している相手との関係はさらに近く、共に過ごす時間もずっと長くなります。その分、一旦関係がこじれると、修復は難しくなります。

それでは、愛の関係が他の対人関係と違うところが、ただ距離が近いということだけなのかといえば、そうではありません。

アドラーによれば、愛の関係は身体的に相手に引きつけられる点で、他の対人関係と区別されます。しかし、身体的に引きつけられたらいい関係を築けるかといえば、そうではありません。

付き合い始める前も、付き合うようになってからも、二人の間に問題は次々に起こります。その問題はスキンシップでは解決できません。なぜ、できないのでしょうか。

まず、セックスは二人の関係の一部でしかないからです。付き合い始めた頃は、二人で会ってどこかへ出かけることもセックスも、どちらも現実の生活から切り離されたいわばイベントなので、夢のような楽しい時間を過ごすことができます。

ところが、共に過ごす時間が増え、生活を共にするようになると、二人の関係の中でセックスの占める割合が少なくなりますし、そうなるのが当然です。すると、常の時の関係が、セックスにも影響を及ぼします。

このようなことが起こるのは、セックスが対人関係だからです。セックスの時にだけ関係がよく、他の時は関係がよくないということはありえません。その時間だけを他の時間と切り離せないのです。喧嘩をすれば顔も合わせたくなくなるでしょう。

それでも、日頃の関係がよければ喧嘩はすぐに収まり、また以前のように仲直りできますし、喧嘩をしたことも忘れ、セックスもまた前と同じようにできるようになるでしょう。しかし、セックス以外の時に関係がよくなくなり、関係の修復に時間がかかるようになると、セックスも億劫《おっくう》になってしまいます。

そうなると、セックスを拒否するために、症状を使うことがあります。何の理由もなくセックスを拒否できないと思う人は、インポテンツや不感症という症状があれば、相手がセックスを断念するだろうと考えるのです。

このような症状があることやセックスレスを修復しようと思ってカウンセリングにくる人がいれば、症状そのものに注目しないで、二人の関係全般を見直す作業から始めます。

次に、二人のセックスがよいコミュニケーションになっていないとしたら、スキンシップがあっても関係はよくなりません。

よいコミュニケーションができている時に、この人のことが好きだという感情が起きるという点については、先に見ましたが、よいコミュニケーションができず、それどころか、喧嘩をすれば、その時二人の間からは愛という感情は消えてしまっているのです。

相手を愛しているけれどもよいコミュニケーションができない、ということはないのです。

セックスも対人関係であり、本来的には関係が近くなければできませんから、関係が遠いと感じられている時にはセックスレスになるのです。

他愛のない話をしていても、何も話をしていなくても、一緒にいられることが喜びに感じられる時、よいコミュニケーションができているといえます。

問題の本質はセックスレスではない

セックスもそのようなコミュニケーションであるとすれば、ただ抱き合っているだけでもいいのですし、手を握っているだけでも、ただ話をしているだけでもいいのです。

セックスレスで悩む人は、二人の間に最近会話が少ない、あるいは、会話がないので二人の関係がよくないと思っている人に似ています。話が途切れ、沈黙を恐れて一生懸命話をしようというのであれば実際には関係がいいわけではないように、セックスレスではないからといって、そのことが二人の関係が良好である証拠になりません。

やがて、セックスの目的が変わってきます。あるいは、最初からセックスに求めていたものが間違っていたのかもしれません。セックスはコミュニケーションのためであり、よい時間を過ごすためだったはずですが、愛されていることの、また愛していることの確証を求めることが目的になってしまいます。

そうなった時、セックスレスは愛されていない、愛していないことを意味すると考えて、修復しなければならないものだと考えるようになるのです。

セックスレスを修復しなければならないと思っている人は、セックス以外でも二人の関係がうまくいっていないことに目を向けたくないので、セックスレスを二人の関係がうまくいかない原因だと見なしたいともいえます。

セックスは他のどの関係よりも親密で、端的に二人の関係が明らかになりますが、見方を変えれば、この関係をよいものにすれば、生活全般における関係を改善する突破口になるかもしれません。

セックスは「今ここ」の経験です。今ここに集中できなければ、楽しむことはできません。出会った頃の二人は「今ここ」で楽しめ、共にいられるだけで満足していたはずなのです。次に会えるかどうかということも大きな問題ではなかったでしょう。

「今ここ」を引き延ばそうとし、「いつも」一緒にいたいと思い始めた頃から関係が変わり始めたのです。そうなった今できることは「今ここ」でいられる喜びを感じられるようになることです。それができれば、行為がないという狭義のセックスレスではなくなります。

セックスレスであることに囚《とら》われなければ、関係はよくなってきます。なぜなら、以前は二人の関係の中にセックスは必要不可欠であり、それが二人の関係がいいことの証、反対にセックスレスは関係がよくないことの証だと思っていたのが、今はセックスをしなくても二人の関係には揺るぎがないと思えるようになるからです。

夫婦は他人の始まりなのか

世間体を取り繕った「仮面」夫婦から他人が入り込む余地のない「おしどり夫婦」まで、夫婦の形は様々です。

夫婦間で孤独を感じるのは、どちらかがあるいは双方が自分はパートナーから理解されていないと思う場合、あるいは自分がパートナーにとって意味ある存在だとは思えなくなる場合です。互いに理解しあえる夫婦であれば、そんなことはないでしょう。実際のところ二人の関係がどうなのかは、外から見ているだけではうかがい知れません。自分たちは考え方や感じ方が似ているので、相手をよく理解していると思っていると、かえってパートナーを正しく理解できないケースもありえます。

熱愛中のカップルにはその意味がまったく理解できないかもしれませんが、どんなカップルにとってもパートナーは「他者」です。パートナーのことをよく理解していると考える人は、ある時、「こんな人だとは思っていなかった」と、相手のことをまったく理解できていなかったことを思い知るような出来事に遭遇する瞬間があります。あるいは、「パートナーからよく理解してもらえている」と思っていたのに、「少しも理解されていなかった」と思い当たる瞬間もあります。そのような時に、二人は相手を「他人」だと気づくのです。

私こそ他の誰よりもこの人を理解しているとか、この人は私を一番理解してくれていると思えたからこそ付き合い始めたのでしょう。ですから、そもそもパートナーのことなど理解できないというのは言い過ぎですが、長く人生を共にしているので、パートナーのことはよく理解できていると思っている人の方が、実は相手を理解していない可能性があると私は考えています。わかっていると思っている人は、相手を知ろうという努力をあまりしないので、かえって相手の理解に到達できていないという例は往々にしてあります。

カウンセリングをしていた頃、子どものことで相談にくる親と話をすることがよくありました。多くの親は、子どものことは親である私が一番よく知っているというのですが、もしもそれが本当であれば、子どもが問題行動を起こしたりはしないのではないかと思ったものです。この親の勘違いを子どもが聞いたら、そんなことはないと反発したくなるに違いありません。

それでは、夫婦や恋人同士であれば互いをよく理解しているのかといえば、自分の親ほどには長い付き合いではないのですから、自分の親との関係以上には相手を理解できていないと考えた方がいいのです。もちろん、相手を理解できるかどうかは、付き合っている時間とは関係がないというのも本当ではありますが。

相手のことを本当はよく知らないのかもしれないと思っている人の方が、かえって相手を理解できると私はいいたいのです。

他方、パートナーに理解されていないと思うような二人は、孤独とどう向き合えばよいのか考えてみなければなりません。そのような孤独を抱えた人は、自分が何を考えているかを相手にきちんと言葉で説明する必要があります。この努力を怠っているのにもかかわらず、パートナーから理解されていないと考えるのはおかしいのです。黙っている限り、パートナーに自分が何を考えているかは伝わりません。

子どものいないカップル

子どものいないカップルは孤独感を抱えているので、子どもの代わりにペットを溺愛《できあい》しているというのは本当でしょうか。子どもがいても孤独を感じる人はいます。反対に、子どもがいなくても孤独を感じない人はいます。

私は結婚してから五年経っても子どもが生まれなかったので、子どものいない二人の人生を考えていかなければならないと思ったことがあります。

その後、子どもが二人生まれました。ある時、息子から「僕が生まれる前、寂しくなかった？」とたずねられたことがありました。その時には、子どもが生まれる前の二人だけの共同体はもはや存在しなかったので、夫婦二人で暮らしていた頃どう感じていたかを思い出すのは困難でしたが、孤独でたまらなかったということはありませんでした。家族が三人になっていたその時は、今息子がいなければ寂しいかもしれないと思いました。

子どもが生まれる前にシェパードを飼っていました。それは、孤独だったからでもなければ、子どもの代わりにしようと思ったからでもありません。

子どものいない多くのカップルがそうであるように、誰もが孤独感を持つわけでもなく、子どもがいないからといって夫婦関係がよくないわけでもありません。

ところで、関係がよくないと、どちらか（あるいは双方）がその原因を相手の側に探そうとすることがありますが、関係は二人で築くものなので、強いていえばどちらにも問題があるのです。

ですから、パートナーを責めている限り、二人の関係はよくなりません。関係を改善するためには双方が協力していかなければならないのです。協力していこうと思えるようになれば、その時既に二人の関係が改善しているといっていいくらいです。

話を戻します。関係がよくないことの原因をパートナーに求めず、子どもさえいれば関係がよくなると考える人はいます。関係が悪くなくても、二人だけの生活に孤独を感じる原因を子どもがいないことに求める人もいるでしょうが、いずれも本当ではありません。

出会ってすぐに結婚する人もいるでしょうが、多くの人はしばらく付き合ってから、結婚します。二人が付き合っていた当初は子どもはいなかったわけですが、子どもがいなくて寂しいとは感じていなかったでしょう。二人の関係もそのためによくなかったかといえば、そうではないはずです。

原因は二人のどちらかにあるのでも、子どもがいないことにあるのでもなく、二人の関係のあり方に改善の余地があるのです。

関係はずっと同じままではなく、絶えず変わっていくものです。いつの頃からか、付き合い始めた頃のような親密な感じが失《う》せてきていると思った時に、その原因を相手に求めるか、子どもがいないことに求めるのです。

これは、アドラーの言葉を使えば「見かけの因果律」です。子どもがいないから寂しい、あるいは、関係がよくないという因果関係はなく、因果関係があるように見えるだけという意味です。

子どもの有無で人生は決まらない

子どもさえ生まれたら関係はよくなるかというと、そうとは限りません。子どもが生まれると、それまではっきりと見えていなかった二人の関係に潜む問題が明らかになることがあります。待望の子どもが生まれると、たしかに最初の頃は子どもがかわいいので、夫婦が結束して子どもの世話をしますが、いつまでも喜びは続きません。子どもというのは親の思うように生活しているわけではないので、やがて夫が子育てから離脱するようになります。「よく眠れなくなると昼間の仕事に差し支えるから」と夜泣きする子どもを妻に任せて、寝室を別にしたりするようになるのです。

子どもが昼夜分かたず泣くことは仕方ありません。一体、なぜ泣いているのかわからない時もあります。そんな時に一人でいると途方に暮れます。子どもの誕生をあれほど願っていたのに、生まれる前の方がよかったと嘆息する人もいます。

もちろん、この場合、子どもがパートナーとの関係を悪くすることの原因ではありません。子育てに協力的でないパートナーだけに問題があるのでもなく、二人の関係が協力的でないことに問題があります。どちらかが、あるいは、双方が協力しようと思えない関係こそ改善していく必要があります。

結婚する前は、子育ての苦労は想像さえできなかったでしょう。

子どもが生まれる前は、子どもがいないから寂しいとか、子どもさえ生まれたら仲良くなれると思っていた二人が、今や子どもがいなければ、仲良くなれるのにとまで思ってしまいます。

このように考えると、子どもがいるかどうかは二人の関係のあり方に影響を与えるかもしれませんが、決定するものではないことがわかります。

子どもがいないことを二人の関係にとって試練だと考える人も、反対に子どもがいて、育児は困難なものだと考える人も、どちらも人生にはもっと大変な困難が待ち構えていることを知らないのかもしれません。

困難を回避することはできないとしても、それを二人でどう解決していくかによって、この人と人生を共にできてよかったと思えるかどうかが決まるのです。

若いうちはともかく、老後に子どもがいなければ孤独になるだろうと考える人がいますが、子どもは親の孤独を満たすために生きているわけではありません。ですから、子どもに精神的に頼るのは間違いだと私は考えています。早くから子どもには頼らないでおこうと決心していれば、自分で何とかしようという覚悟ができているので、老後は子どもに頼ろうと思っていたのに、誰も面倒を見ようと言い出さなかったと失望させられることはありません。

別れの孤独

大好きだった恋人と別れ、強い孤独感に襲われたという人がいました。

恋人と別れたからといって、必ず孤独感に襲われるわけではありません。別れても何とも思わないとか、それどころか、清々したというのであれば、別れる前の二人の関係はかなり悪かったということでしょう。このような場合であれば、別れても孤独感に襲われることはありません。反対に、孤独感に襲われたというのであれば、別れる前の二人の関係はよかったのでしょう。

大好きだったのに別れなければならないという場合、付き合っていることを知られてはいけなかったとか、親に交際を禁じられていたというようなケースが考えられます。学生時代に交際していた二人が、将来（卒業後も付き合うかどうか、結婚するのかとか、どこで働くのかとか）を考えた末に、別れる決断をすることもあります。

今の時代も子どもの結婚に親が反対するケースがあります。親が子どもの人生に責任を取れるとは思わないのですが、子どもの方も親から反対されてまで結婚する意味はない、結婚するのであれば親に祝福してほしいと考え、相手のことが好きで長く付き合ってきたにもかかわらず、結婚しないことはあります。

このような理由で別れたのであれば、直後は孤独感はあるとしても、いつまでもつらい思いをすることはないでしょう。親の反対を振り切って結婚するという選択肢はあったのに、結婚しないという決断をしたからです。別れは自分が選択したことであり、親の反対はその選択を後押ししただけだということです。二人の関係がよければ、親から反対されたくらいで別れようとは思わないでしょう。

さらにいえば、「仕方なかったのだ」と自分に言い聞かせるために孤独感を作り出すと見た方が、孤独感の本質を理解できます。

親が反対したことも、別れを正当化できます。本当は打算があったかもしれないのに、親の反対に逆らえなかったといえるのです。

本当は、親が反対したから別れたのではありません。自分で別れを選択したのです。それなのに、こんなに孤独なのは関係がよかったからだ、別れるべきでなかったと傍観者のように自分の決断を正当化するのです。

一人の時間を過ごす

ここまで友人、家族、夫婦（カップル）の関係に着目して、孤独について考えてきましたが、それではどのようにしたら、そうした対人関係に折り合いをつけて、快適に暮らすことができるのか、あるいは、そもそもそうした対人関係を持たない人はどうすればよいのか、考えてみましょう。

関係をよくするためには、一人で過ごせることが大切です。対人関係の問題は、他者と適切な心理的距離を取れないことから起こりますが、適切な距離を取れない人は、一人でいることができないのです。コロナ禍でのソーシャル・ディスタンスであれば、二メートル離れるというようなはっきりとした目安を立てられますが、対人関係の距離は曖昧《あいまい》です。概していえば、距離が近すぎることが多いのですが、客観的に測ることはできないので、自分ではそのつもりがなくても、相手が近すぎると思っている可能性はありますし、その逆もあるでしょう。

コロナ禍では一人の時間が増えたため、SNSやゲーム、テレビ鑑賞などに時間を費やす人がいる一方で、読書、料理、裁縫、DIY、園芸などの創作活動、知的活動に取り組む人が増えました。

一人でいてはいけないと思う人は多いようです。人が一人で過ごすのは本来的なことではなく、人と一緒にいることがノーマルだと考えるのです。幼い子どもが一人で機嫌よく過ごしていると、親としてはありがたいことなのですが、子どもが一人きりでいるのを問題だと思う人がいます。機嫌よく一人で過ごしているのに、わざわざ友だちの輪に連れて行こうとする保育士を見たことがあります。

安全であることが当然条件になりますが、子どもが一人で過ごせるのは大切なことです。依存している子どもは、いつも親にそばにいてほしいと願います。少しでも親が離れてしまうと、親が構わないわけにいかないように、泣いてみたり、問題行動を始めてみたりすることもあります。そうすることで親から叱られたとしても、一人でいるよりもいいと考えるからです。

小さな時から皆と一緒に何かをするということが当然だと思って育った人は、大人になってからも、一人でいると落ち着かなかったり、不安になったりします。そんな人は他の人と一緒にいたいと思うでしょうし、一人だと寂しいと感じます。不安だから、他の人と一緒にいたいと思うわけではありません。例えば、夜中に目が覚めたら親がいなくて泣き出す子どもがいます。不安になったから、泣くのではありません。泣くことで親を呼び寄せるために、不安の感情を作り出したというのが本当のところです。

そのような人は大人になってからも、不安になって他者の注目を引こうとします。そのようにして他者に依存しているのです。

対人関係の中に入っていけば何らかの仕方で摩擦が生じますから、そのために傷つくことを恐れて一人でいようとする人がいますが、私が一人で過ごすのは大切なことだという時の一人でいるというのは、傷つくことを恐れて一人でいるということではありません。自立した人は、他者と一緒に過ごす機会があれば楽しみますが、一人でいる時に寂しいと感じることはありません。

一緒に暮らしている人と、いつも同じことを一緒にしなければならないわけではありません。二人が別々のことをしていても、そのことが二人の関係を悪くすることはありません。これは本を読む時に似ています。同じ本を二人で読むことはありますが、その場合でも、基本的には本は一人でしか読めません。もちろん、同じ音楽を聴くとか映画やドラマの鑑賞を二人で楽しむことはできますが、いつも必ず行動を共にしなければ気が済まないというのは依存でしかありません。

この話の流れで、読書について付け加えるならば、本を読む楽しみを知っている人は一人でいることが苦痛にはなりません。むしろ、人と会うために読書を中断したくはないと思うようになります。

以前、定年後の生き方について本を書くことになって、定年について論じた本をたくさん読んだのですが、読書を勧める本がほとんどないことに驚きました。

これまで仕事ばかりしてきてあまり本を読むことがなかった人は、本を一冊読み通すことが最初は簡単ではないかもしれません。そのような人も仕事に役立つ本であればたくさん読んできたかもしれませんが、読書は必ず何かの目的があってするものではありません。時の経つのも忘れて本を読み耽《ふけ》るという経験を一度でもすれば、受験や資格取得の目的で本を読んだという嫌な思いを払拭《ふっしょく》できるでしょう。

読書を例にあげましたが、このように一人で過ごすことができれば、家族であっても他者に依存しないようになります。

一人で生きること

続いて、一人で生きている人がどうすれば孤独を感じないですむのか考えましょう。

一人で生きるのは生きる条件の一つで、それ自体が不幸であるとも幸福であるともいえません。

一人で生きることを選んでいる人も多いでしょう。誰かと関わると、何らかの仕方で摩擦が起きないわけにいきません。それを煩わしいと思い、一人で暮らす方がはるかに楽だと思う人がいても不思議ではありません。

仕事仲間であれば、たとえ気が合わなくても友だちになるわけではないので、職場を後にすれば同僚のことなど少しも考える必要はありません。しかし、友人と関わるとなると、どんなに仲がよくても、何かのことでぶつかる時はあります。そのようなことがあると、突然対人関係が煩わしくなります。

まして、同居する家族やパートナーとは、関係が近いだけにもめると大ごとになります。そこで、若い人は口うるさい親から離れて一人暮らしをしたくなりますし、いつまでも同居する子どもに早く家を出て行くように迫る親もいます。

私の父は若い時に妻（私の母）と死別した後は私たち夫婦と同居していましたが、定年後、別の仕事に就くことになり、そのため横浜に居を構えました。その会社での仕事を辞めた後も一人暮らしを選びました。仲はよかったのですが、一人で生きる方が気楽だと思ったのでしょう。

このようなことを考えると、孤独を理由に一人で生きる生活を避けるよりも、むしろ選ぶ人がいるのはわかります。

しかし、長く家族と一緒に暮らしていた人でも、歳を重ねるとパートナーが先に亡くなり、単身で暮らすことを余儀なくされるケースがあります。

また、自分としては一人で生きたいと思っていても、親がそれを許さないことがあります。かつては子どもに家から出て行くように勧めていた親であっても、老いを意識するようになると、子どもに頼りたくなります。今は元気でも、いつ何時病気をして寝たきりにならないとも限らないと思って、不安になるのです。そうなると、子どもと同居することを願うようになります。

子どもも親のことが心配でないわけではありません。親が介護を必要とするようになった時のことを今から考えておかないといけないと思います。しかし、親と同居すると決めている人は少なく、きょうだいがたくさんいれば誰が親の面倒を見るかでもめることもあります。

こうして、一人で生きることがもはや選択肢から消えると、一人で幸福に生きられるだろうかと不安になれた時は、むしろ幸せだったともいえます。

同居してうまくいくのであれば問題はありませんが、誰かと暮らすことは簡単ではありません。子どもの頃親子関係がよかったのであれば、同居に不安は少ないかもしれませんが、何かでもめてきた経験があれば、また同じようなことを繰り返すかもしれないと不安になります。また、たとえ以前は関係がよくても、親も子どもも以前と同じではないので、一緒に暮らすと何が起こるか予想できません。

たしかに、対人関係は煩わしくぶつかることがあります。あらゆる悩みは対人関係の悩みであるというのは一理あります。しかし、生きる喜びも幸福も対人関係の中でしか得ることができないというのも本当です。これは誰かと一緒に暮らすことが必要であるという意味ではありません。一人で暮らしていても対人関係から離れることはできないので、対人関係を避けるために一人暮らしを選んでも甲斐はありません。

他方、一人でいると寂しいから他者に依存するのも、間違っています。一人で生きるというのは、自立して生きるということです。他者に依存しているかどうかは一人で暮らしているか、あるいは、家族と暮らしているかということには関係がないのです。

「いい子」と問題児の根っこは一緒

最後にもう一度、対人関係の中でも親子関係に注目して、議論を深めて本章を閉じようと思います。

友人同士の場合、対人関係でもめることはありますが、どうしても付き合わないといけないわけではなく、距離を置くなり付き合いをやめるなりできます。

恋人や夫婦であっても、「この人とはもはや一緒には生きていけない」と思えば、別れることはできます。

しかし、親子はたとえ関係がどれほど悪くても別れることが基本的にはできません。とりわけ、実の親との関係は厄介なものになることが多いです。子どもの頃からの付き合いであり、他の対人関係とは違って心理的な距離が近いからです。

大人になっても親を恨み続ける人がいます。親の子どもに与える影響力は大きなものなので、子どもが親を信頼できるような関係であるに越したことはありませんが、子どもの頃の親との関係がよくなかったとしても、そのことがその後の人生にも決定的な影響を与え続けるわけではありません。

私が精神科の医院でカウンセリングをしていた頃、神経症を病む若い人から親の話をよく聞きました。概していうと、子どもの頃から親が無理なことをいっても反発しないで従う「いい子」が多かったです。

子どもに何か問題があって相談してくる親の方は、子どもへの接し方に問題があるという自覚があまりないことがありました。一体、何が問題なのかと私にたずねる親に対し、「それは、あなたでしょう」といいたくなることもありました。

しかし、過去がそうであっても、親も子どももこれからのことを考えるしかありません。親か子どもが、あるいは親子そろって相談にやってきたということは、現状を変えなければならないという自覚があるわけですから、私としては関係を改善するために、多くの場合、次の二つのことを伝えました。

まず、親が子どもをどう育てるかによって、子どもの人生が決定されるわけではないということです。実際、同じ親に育てられたきょうだいが、同じように育つわけではありません。同じ親から生まれ、成育環境もほぼ同じなのに、性格がそれぞれ違うことは多くの人が知っている事実でしょう。この違いは、本人の決心によるとしか説明できません。もちろん、子どもは幼い時に意識的に自分の性格を選ぶわけではありません。ここでいう性格は内面的なものというより、対人関係の中でどう振る舞うかという傾向のことです。

親子関係についていえば、親は子どもをほめたり叱ったりして育てるので、きょうだい間に激しい競争関係が生じます。何とかして注目を得たい子どもはほめられたいので

「いい子」になるかもしれませんし、逆に問題行動を取って叱られてでも親に注目されようとするかもしれません。

多くの人が注目されることを望みますが、注目というのは決して当然のように集められるものではありません。

家族などの共同体に所属したいと思うこと、ここにいてもいい、自分の居場所があると感じられることは人間の基本的な欲求といってもいいのですが、所属するといっても共同体の中心にいるわけではありません。

子どもは幼い時には親の不断の援助がなければ生きていけないので、親が世話をします。そのため、自分が中心にいて誰からも注目されて当然と思うようになってしまいます。が、やがて自立し、家族などの共同体に所属してはいてもその中心にいるわけではないこと、他者は自分の期待を満たすために生きているわけではないことを知らなければなりません。

親を恨み続ける人たち

しかし、いつまでも甘やかして育てると、子どもは自立しません。甘やかすというのは、子どもが本来自分で解決しなければならないことまでも、親が子どもに代わって解決することです。

私の子どもに小学生の頃、「『甘やかし』って何？」とたずねたことがありました。息子は私の問いには「頼まれもしないことをすること」と即答しました。親は子どもが自力で解決しなければならない課題に、頼まれもしないのに口出ししてはいけないということです。

子どもの視点からいえば、親が甘やかしても拒否しなければなりません。大人になっても親を恨み続ける人は、今も自立していないのです。親がたとえ間違った子育てをしたとしても、子どもは親からの働きかけを拒むことができたはずなのです。

なぜ拒めなかったかというと、甘やかされた子どもにとって自立することは、孤独を意味したからです。しかし、自立した子どもであれば、親から離れていくことは、決して孤独ではなかったはずなのです。

次に、親にどう育てられたかは過去の出来事なので、大人になって恨み続けても甲斐はないということを知らなければなりません。もしも、親の働きかけをこれまで拒めなかったのであれば、「今」できます。

親を恨むのは自立できていないからですが、それでも自分の親との関係は良好だと考え、何歳になっても親から自立しようとしない方が問題です。

子どもがいつまでも親を恨むことには目的があります。これまでの人生において親からどう育てられたかということとは関係なく、これからの人生をどう生きるかは、子ども自身が決めなければなりません。それにもかかわらず、人生がうまくいかない原因を親に求める必要があるのです。

親がどんなにひどい人かということを切々と訴える人は多かったのですが、話を聞いて私が不用意に「ひどい親ですね」などといおうものなら、「そんなことはない」と反論されることもよくありました。親を擁護する理由は、親がどれほどひどい人であっても自分で人生の責任を取らないために必要な存在だからです。

母親は初めての「仲間」

子どもの人生に干渉してくる親も困りますが、逆に子どもとの関わりを持とうとしない親もいます。子どもに関心を持たない親に育てられた子どもは、親に接してもらえず孤独を感じるでしょうが、大人になっても親を恨み続けるとしたら、過干渉な親に育てられた子どもと同じように、親の育て方を自分の生きづらさの理由として持ち出してきているのです。

親から愛されないで育つことは子どもにとって不幸なことではありますが、そのことが今後の人生に決定的な影響を及ぼすわけではありません。

アドラーは、母親は子どもがこの世界で一番最初に出会う「仲間」であるといいます。母親が仲間であるのは、子どもが母親と結びついていると感じられるということです。子どもがそのように感じられれば、他の人も母親と同様、自分と結びついている仲間だと思えるようになります。

つまり、他の人は自分を隙あらば陥れようとする怖い存在ではなく、必要があれば援助する用意がある存在と思えるようになるということです。

問題は、母親が仲間は自分だけであると子どもに思わせることにあるとアドラーはいいます。母親が自分以外にも仲間がいることを教えなければ、母親以外の人を「敵」と見なすようになります。「敵」というのは、仲間とは反対に、自分と結びついている（mit）のではなく、敵対している、あるいは対立している（gegen）人という意味です。

親が子どもを愛さず、無関心であれば、この世界に自分の仲間がいるということを知らないで育つことになります。他者とのつながりの中で生きているということを教えられなかった子どもは、この世界で自分が孤独であると感じるでしょうが、このことも、これからの人生に決定的な影響を及ぼすわけではありません。

私はカウンセラーだったので、相談にくる人の仲間になりたいと思いました。もちろん、これは親の代わりになるということではありません。むしろ、親よりも距離を遠く保たなければなりませんが、これまでの人生がどのようなものであっても、仲間との出会いが今後の人生を変えていくきっかけになります。

親に依存することなく自立してこれからの人生を生きていくためには、目を未来に向けていかなければならないのです。

第三章　ＳＮＳは人を孤独から救うか

オンラインでは仕事にならない？

コロナ禍の以前から私はもっぱら自宅で仕事をしていましたが、それでも本の打ち合わせのために編集者と自宅で会ったり、講演をするために国内外の多くの場所へ出かけたりすることがよくありました。しかし、今は講演に出かける機会はなくなりましたし、編集者との打ち合わせも講演もすべてオンラインで行っていますので、隠遁《いんとん》者のような生活を送っています。

ただ、オンラインで打ち合わせをする時、相手の編集者が自宅ではなく会社からアクセスするケースがしばしばあります。リモートワークは思いのほか普及しておらず、満員電車で出社する人も多いようです。業種によっては当然リモートワークができませんし、判子を捺《お》すというようなアナログな仕事のために出社しなければならない人も、依然として少なくないようです。

会社によっては、上司がリモートワークを好まないようなのです。対面でないと駄目だ、リモートワークでは人との関係を築けないと考えるからです。そこで、上司は以前と変わらず出社し、部下にも自分と同じように出社を求めることがあります。

対面しないと相手の心の動きは読めないという人がいますが、相手の心を読むのが難しいのは対面している時も同じです。心を読めない理由を、リモートワークに求めているだけのことなのです。対面していない時に関係を築けない人は、実際に会っても対人関係を築くことはできません。

仕事をする時に誰とするかは大きいですが、相手が「何」をいうかに焦点を当てれば、実際に会うか会わないかの相違は、それほど大きな問題にはなりません。

実際に会って会話をすれば心が通い合うといいたい人は多いでしょうが、仕事に関していえば「誰」がいっているかではなく、「何」がいわれているかが重要で、その「何」を発信し聞くためには対面のコミュニケーションは必須ではありません。

画面越しのやり取りでは思うようにならないという人は、実際に誰かと会って話す時でも思うようにできないに違いありません。あまり得意でない外国語を話す時に、身振りが多くなる人がいます。言葉の貧しさを身振りで補おうとしているのです。また、電話での外国語によるやり取りが苦手だという人がいます。それも自分の語学能力が十分でない理由を、実際に対面せず画面越しに話していることに求めているだけです。

ヴァーチャルなつながりをどう見るか

私がパソコンを使い始めたのは一九八〇年頃のことですが、「パーソナルコンピュータ」という言葉を聞いて、（単語本来の意味ではないでしょうが）私のパソコンの向こうに人がいると感じたものです。

やがて、私のパソコンは海外のパソコンともつながるようになりました。当時は通信料がかなり高く、今のように常時インターネットにつなぐことなどできませんでしたが、パソコンが他のパソコンとつながった時に、世界が変わったことを実感しました。

その頃は文字でしかやり取りできませんでしたが、キーボードを叩いて「チャット」をすると、人が画面の向こうにいることを感じました。

こうしてコミュニケーションツールとしてのパソコンが発達していきました。パソコンの扱いに習熟できない人は取り残された思いをしたかもしれませんが、そもそも今ほどパソコンを使う人は多くなく、今でいうＳＮＳに相当するようなパソコン通信も参加者は限られていました（そのおかげで参加者同士のトラブルが今ほどはありませんでした）。

しかし、今や携帯端末やタブレットがあれば、パソコンを持っていなくてもインターネットに簡単に接続できます。

私は今の時代、インターネットは勉強のためにも仕事のためにも有用であると考えています。ただし、それを適切に活用すればという条件がつきます。

オンライン上で必ず人とのつながりを持たなければならないかというと、その必要はありません。ＳＮＳには有用な面もありますが、弊害も大きいからです。取り残されないようにＳＮＳに参加してみたら、知らない人から不快なコメントが書き込まれたりして、ひどく傷つくというようなことがあります。

日常生活における対人関係でも同じような事態が起こりますが、匿名の、つまり相手が見えない世界でのオンライン上のやり取りの方が余計に厄介なものです。日常生活では人とつながりを持てない人が、ネットでこそ仲間を見つけられると思っていたら、かえってひどい目に遭って人間不信になる可能性があります。

孤独感を解消することが目的でインターネットにつないでみようという人がいるかもしれませんが、ヴァーチャル空間で友だちを見つけようなどと思わない方が賢明です。

SNSで認められたい人たち

SNSが発達した今、「いいね」の数やフォロワー数を競う人がいます。多くの人とつながっていることが、自分の価値を高めると思っているかのようです。

自分の価値は本来自分にしかわからないものなのです。小さな子どもたちは無心に絵を描きます。自分が描いた絵を大人に見せにくるかもしれませんが、ほめてほしいわけではありません。それなのに、大人は「上手に描けたね」とほめてしまいます。そうすると、やがて子どもはほめられたいと思って絵を描くようになり、果ては、ほめられなければ、絵を描かなくなってしまうかもしれません。

しかし、誰もが初めからほめられるために絵を描いていたわけではなく、ほめられようとほめられまいと描きたい時に描きたいと思って描いていたはずです。

私が小学生だった時に、祖母が亡くなりました。葬式にはたくさんの親戚が集まりました。私がその時描いていた絵を見た人が、「上手だね」とほめてくれました。私はそれが嬉しくて得意になって、次に今度は祖父の葬式があった時に、ほめてもらえるだろうと思って絵を描いたところ、誰からもほめられなかったのです。

絵は描きたいものを描けばいい。書きたいことがあれば、ただ書けばいい。これだけのことなのに、「認められたい」と思うようになると、厄介なことが起こります。

昔は自分が書いたものを公表することは容易ではありませんでしたが、今はＳＮＳに投稿したり、ブログなどに書いたものを載せたりできます。

最初は書いたものが読まれたらそれだけで嬉しかったのに、やがて多くの人に読んでほしいと思うようになることから問題が起こります。さらに、「いいね」の数やフォロワー数を競うようになると、「いいね」をもらえるような内容を書いたり、写真を撮ったりするようになり、しまいには、自分で自分の作品の価値がわからなくなってしまいます。

アドラーは次のようにいっています。

「認められようとする努力が優勢となるや否や、精神生活の中で緊張が高まる」

（『性格の心理学』）

SNSへの投稿でなくても、人前で話をする時に、いい話だったとか話が上手だとか思われたいと願う人は、「常に、〔人に〕どんな印象を与えるか、他の人が自分についてどう考えるか」ばかり考えているので、緊張が高まり、「現実との接点を見失う」ことになります（前掲書）。

現実との接点を見失うというのは、現実の自分と、他の人によく思われたいと願って、いわば背伸びをする自分とが乖離《かいり》するということです。「いいね」をもらうための写真ばかり投稿したり、時には実際にあったことをアレンジしておもしろおかしく書いたものを投稿したりする行為を続けていると、しかも、そのような写真や書き込みに多くの「いいね」がつくと、もはや本当に撮りたい写真が撮れず、書きたいものを書けなくなってしまいます。さらには、いつまでも自分の納得がいくものを書けなくなります。

孤独に耐える創作者

作家が読者に認められるために執筆するというのも同じです。認められるというのは、もっと端的にいえば、「売れる」ということです。どう書けば売れるかということを考え、読者が面白いと思うようなことを書くと、本は売れるかもしれませんが、売れる本がいい本とは限りません。

読者の側にも問題があります。読む価値がある本であっても、読者が正しく価値を評価できるとは限らないということです。これは最近大学で行われている学生による教員評価に似ています。長い時間をかけて準備された講義に対し、半分居眠りをしながら聴いているような学生が正当な評価をできるわけがないと大学で教えていた頃思ったものです。作家も同じです。

創作者は孤独に耐えなければなりません。哲学者の森有正《もりありまさ》は次のようにいっています。

「灰色の陰鬱な日々に耐えることが出来なくてはならない。というのは、価値ある事が発酵し、結晶するのは、こういう単調な時間を忍耐強く辛抱することを通してなのだから」

(『砂漠に向かって』)

思索する日々が「灰色の陰鬱な日々」であるということは、「いいね」がほしい人には想像することは難しいかもしれません。

先にも見たように、今では簡単にSNSに投稿できます。それはいいことですが、認められたいと思って書き込んでも、期待するような反応が得られなかったり、それどころか批判的なコメントが寄せられたりすると、人への不信感を持つはめに陥ります。

実際には、そのようなコメントを書く人は多くはありません。それにもかかわらず、他者を怖い存在だと見なすようになると、もともと他人とのつながりを求めていた人が現実の対人関係にも消極的になり、ヴァーチャルな世界においても現実の世界においても孤独になります。

匿名の罠

SNSでは、匿名でメッセージを発信する人がほとんどのようです。

自分が誰かを特定されないので、何をいってもいいと考えるのでしょう。人と話をする時なら許されないような書き込みをする人は多く、そのような人からいわれもないことで誹謗中傷されると疲弊してしまいます。

もちろん、反応があることは無視されるよりはありがたいともいえます。しかし、明らかに誤読していたり、正しく理解しようとは最初から考えてもいない書き込みがあったりした時、限られた字数では議論などできず、書き込みがたくさんあればその一つ一つに答える時間だってありません。

そのような書き込みをするのは、人とつながりを持ちたいからです。そして、できるならば、認められたいのです。しかし、匿名でなければ書き込むことはできません。自分が誰かがわかってしまえば下手な言動はできないからです。誰かを批判する、しかも論理的ではなく、感情的に暴言を吐くというようなことを、自分を知っている人に見られたくはないのでしょう。

部下を叱責する上司が、怒りで自分の無能を隠すように、匿名をいいことに、自分が誰であるかを知られずに人に近づくのです。

その際、先に見たような書き込みをすれば、もちろん相手からは反感を持たれますが、「厄介な人」というねじれた自己アピールによって、認められようとするのです。

人は対人関係の中で生きているので、誰に向けられるかによって言動は変わります。しかし、成熟した人であれば、相手が違っても態度を変えることはありません。

アドラーは相手を批判することで優越感を持つような「価値低減傾向」を問題にします。これは職場では上司が部下を叱りつけるような時に見られます。自分が無能である事実を知られたくないので、仕事ではない「第二の戦場」へと部下を呼び出し、仕事とは関係のないことで叱り、それによって部下の価値を貶め、相対的に自分の価値を高めようとするのです。有能な上司であれば、部下を叱ったりしません。

ある人は対等と見なすけれども、同時に別のある人は下に見るというようなことは本来ありえません。常は穏やかでもレストランで食事をする時に店の人に暴言を吐いたり横柄な態度を取ったりするような人は、相手を自分より下に置きたいのです。対等な関係を築く人は、誰とでも対等に接することができます。「この相手とはどんなふうに接すればいいか」というようなことは考えません。

レストランであればまだ誰かに見られているので、自制が働くでしょう。しかし、インターネットでは自分が誰であるか知られていないと思って、常軌を逸した書き込みをしてしまいます。実際には、法律にもとづき情報開示請求をするなどして、書き込みをした人が誰かを特定することが可能です。誹謗中傷するメッセージを書いた人が裁判に訴えられて、謝罪に追い込まれるという例もよく聞きます。

そのような訴訟を起こされる人たちも、アドラーがいう「認められたい努力」をする人ですが、かなり屈折した承認欲求を持っている人だといえます。真っ当な書き込みでは注目されないので、人が書いたメッセージに悪質な書き込みをすることで注目を引こうとするのです。

ネット上で悪質な書き込みをする人も同じです。真っ当な反論をするのならまだしも、それができないので、悪質なメッセージを書き込むことで相手の価値を貶め、自分の価値を相対的に高めようとするのです。

人前で質問しない人たちの心理

私のところには相談や質問のメールがくることがよくあります。メールであれば他の人には読まれないのに、匿名であることに驚かされます。

講義や講演会の後に質問しにくる人がいます。このような場合は、対面しているので先に見たような悪質な質問がされることはありませんが、講義中や講演会後の質疑応答の時間に質問をしてもらえれば、それに答えることで他の人にも講義や講演の論点が明らかになるのにといつも思います。

人前で質問ができないのは劣等感や恥ずかしい思いをしたくないからですが、理由はそれだけではありません。例えば大学であれば講義をする教師には認めてほしい、認めてもらえれば、試験の時に有利だと考えるのでしょう。

人前で質問する人の中には、自分の知識をひけらかすために挙手する人もいます。講師が答えられないであろうことを予想して、あえて難しい質問をぶつけてくる人もいます。もしも質問に答えられなければ、講演者の価値を貶めることができると考えます。

いずれも屈折した承認欲求であるといわなければなりません。人から認められようとする努力が優勢となり、人からどう思われるかということを気にかけると、現実との接点を見失うということについては先に見た通りですが、もう一つアドラーが指摘しているのは、それが行動の自由を著しく妨げるということです。

人からよく思われたい人は、職場の不正に気づいても、何もしないでしょう。そのようなことをすれば、上司はもとより同僚からもよく思われないかもしれません。しかし、人からどう思われるかを気にしない人であれば、リスクがあっても、いうべきことをいうはずです。

アドラーは、人からよく思われたいという人にもっとも頻繁に現れる性格特徴は「虚栄心」であるといっています。その虚栄心についてアドラーは、一定の限度を超えると危険なものになるとか、痕跡だけだとしても誰にでもあるという言い方をしているのですが、このように見ることは、人からよく思われようとすることや、虚栄心の存在を許容してしまいます。

SNSでの偽りの結びつき

何か悩みを抱え苦しんでいる人が、自分を助けてくれる人に依存することがあります。このような依存関係にもとづく人と人との結びつきは、偽りのものといわなければなりません。

「一緒に死のう」と誘われ、その誘った当の本人に多くの人が殺されるという事件がありました。殺された人たちは、本当に死にたかったわけではありませんでした。犯人は「会うと、本当に自殺したい人はいなかった。話し相手がほしいだけだったように感じた」と述べています。

殺されてしまった人たちは、「一緒に死のう」といった犯人に自分と同じ孤独を見たのでしょう。初めて自分を受け入れてもらえたと思った人は、「死のう、死なせてあげる」といわれた時に断ることができなかったのでしょう。

自分には生きる意味がない、自分には何の価値もないと思っている人は、「一緒に死のう」と犯人にアプローチされた時、その犯人と結びついていると思ったのでしょうが、この結びつきも偽りのものだったわけです。

もしもこのような人たちの身近に自分を理解してくれる人がいれば、悲劇は避けられたかもしれません。ネット上には自分を受け入れてくれる人がいると思って、その人に依存してしまったわけです。似たような例として、若い詐欺師に騙《だま》されてしまう高齢者をあげることができます。家族から大事にされないのに自分に優しくしてくれたと若い人を信じ、高価な商品を買ってしまうようなケースです。

対面でなければ人と関係を築けないと考える人がいる一方で、ネット上で知り合った一度も会ったことがない人に対し、現実の生活で会う人よりも心を開くことがあります。なぜそういう事態になるのか。これは難しい問題です。現実の生活では自分が関わる相手がどんな人なのかを判断する時に、外見や学歴などの外的な条件を考慮に入れてしまいますが、ネット上では相手が何をいっているかということだけに注目して話を聞けるので、偏見や予断なく理解できるからではないかと私は考えています。

もっとも、実際にはメッセージの中身だけを読むわけではありません。一体、これを書いた人はどんな人なのだろう、いい人なのかそうでないのかと想像すると、次第にどんな人かがわかってきます。どんな人かを判断する時に、外的な条件を考慮しないので客観的に判断できます。

一方で、学歴などが書いてあると（当人は尊敬されると思っているのでしょうが）、相手をメッセージのやり取りを通して知ることができる人格ではなく、世間的な価値観に引きずられて判断しかねませんし、厄介な問題が起きることもあります。ネット上であれば騙すことは、そして騙されることは容易だからです。

「この人は自分を助けてくれる人だ」と思ってしまうと、相手に依存することは必至です。依存する人は、相手と強く結びついていると感じるかもしれませんが、そのような結びつきは偽りのものといわなければなりません。

噂と批評

孤独を恐れ多数派の側につきたい人は、インターネット上でも批判的なコメントを書き込みます。そのような人たちは大勢いるように見えますが、しかし実際には何ら声を上げない人たちの方が多いのです。メッセージを読んで賛成、同意する人がコメントを書き込むことはあまりありません。本当は書き込みをする人を支持する人も多いですが、あまり目立たないのです。そのため、批判的なメッセージが溢れるようになると、SNSから遠ざかりたくなります。

正しいことを主張しても、批判的なメッセージがたくさん書き込まれると、正論を主張する気が失せてしまいます。まさにそれが攻撃する人の目的です。誰かを叩くような書き込みによって、本人はもとより、悪質な書き込みを目撃した他の人までもが「こんな目に遭っては敵わない」と思って正論の主張をやめてしまうのです。

しかし、SNSにアクセスしなくなることのデメリットは大きいです。SNSの問題点は多々あるにせよ、この世で起きていることがおかしいと思った時に、それに対抗する有力な手段がSNSだからです。間違ったことを主張するメッセージも多く、批判的に読まなければ大勢に流されることがあるものの、新聞やニュースでは知りえない情報もSNSには書き込まれ、それを読んだ多くの人が声を上げると政府も無視できません。

三木清が噂と批評の関係について、次のようにいっています。

「噂よりも有力な批評というものは甚だ稀である」（『人生論ノート』）

三木が生きていた戦前にはインターネットはありませんでしたが、何らかの仕方で「噂」は拡散しました。それが流言蜚語として、関東大震災の時には多くの人が殺されました。東日本大震災の時にもいろいろなデマが流れ、被災地で外国人が犯罪を犯しているという噂がインターネットで瞬く間に広がりました。

噂は自然発生的で、大抵誰が言い出したのかわかりません。多くの場合、根拠のない虚報、誤報ですが、そのような噂が人を傷つけ、人を殺すことになります。

なぜこのような噂が広まるのか。

「あらゆる噂の根源が不安であるというのは真理を含んでいる。ひとは自己の不安から噂を作り、受取り、また伝える」（前掲書）

噂は今の時代はインターネットで瞬時に伝播《でんぱ》します。真実かどうかという検証もしないまま、不安な人はSNSで見かけたメッセージに「いいね」をつけ、リツイートします。

「不安は人間を焦燥せしめ、そして焦燥は人間を衝動的ならしめる。そのとき人間は如何《いか》なる非合理的なものにも容易に身を委《まか》せ得るのである。かくて嘗《かつ》て多くの独裁者は、人民を先《ま》ず不安と恐怖とに陥れることによって彼等を自己の意のままに動かそうとしたのである」

（「時局と学生」『三木清全集』第十五巻所収）

不安な人は焦燥し、衝動的になります。常は冷静な人でも、不安に駆られ衝動的な行動に走ります。独裁者は人民を不安と恐怖に陥れることによって、意のままに動かそうとしたと三木はいっていますが、独裁者は前面に出てこなくても人を動かすことができるのです。

潜在的輿論としてのSNS

先ほど引いた三木の言葉に戻ると、三木はこの噂について「有力な批評」だといっています。三木は次のようにいっています。

「（報道が統制されている場合）公然たる輿論《よろん》の材料として生きることのできぬ報道

は自己を潜在的輿論のうちに生かせようとする。かような潜在的輿論が流言蜚語にほかならない」（「清水幾太郎著『流言蜚語』」書評、『三木清全集』第十七巻所収）

ここでは、ゴシップやデマとは違う噂のとらえ方がされています。輿論（世論）は今の時代も形成されます。戦前は、これが潜在的なものでしか存在しえませんでした。情報や意見は検閲によって公にならず、戦争反対の輿論は弾圧されたのです。

そのような時代に、輿論は潜在的なものとして伝えられました。哲学者の田中美知太郎は、戦争中、遠慮のない時局談ができたのは三木一人しかいなかったといい、三木が話していたことを伝えています。

「独ソ戦開始のころ、うっとうしい梅雨空の日に、戦局の見通しを語り合って、この度の戦争はヒットラーの自殺をもって終り、いわゆる枢軸の惨敗となるというようなことが、多少は心からの希望をまじえて、ひょっこりと口に出たりした」

（「三木清の思い出」『田中美知太郎全集』第十四巻所収）

この「三木説」を人々は伝え合いました。これは三木自身が流した潜在的輿論としての噂といえます。

「これは三木氏のためには危険なことであったが、馬鹿げた新聞記事に欺かれている人たちに、世界戦局の正しい見方を教えるのに有効なので、私自身も他人の説として、私自身の註釈は加えず、なにげなくこの三木説を紹介したことが、何度かあったように記憶する」（前掲書）

SNSは、マスメディアが正しい情報を伝えない時、個人が発信した情報をもとにして潜在的輿論を形成することに役立っています。もちろん、SNS発の情報がすべて正しいわけではありません。大事なことは、それを書いた人が誰かではなく、書かれている内容をしっかり吟味し、決して鵜呑《うの》みにしないことです。

こうして、吟味された情報によって形成された潜在的輿論は、人と人とを結びつけます。声高に主張される多数派の考えは少数派の考えをかき消すことになりますが、潜在的輿論によって多くの人が連携していることがわかれば、自分たちが少数派ではなく、したがって孤独ではないことがわかります。

潜在的な輿論を「顕在的」輿論にすることは、まだ今の時代でも可能ですが、いつまでもそうあり続ける保証はありません。今の時代ほど、連携の必要な時代はありません。

第四章　長生きと孤独

これから先のことは誰にもわからない

「人生百年時代」といっても、長生きできるとは限りません。たしかに平均寿命は延びましたが、それは統計上の話でしかありません。今後、長生きする人が増えていくというのは一般論としては本当だとしても、他ならぬ自分が何歳まで生きることになるかは誰にもわかりません。

そんなに長生きするのかと思うとゾッとするという人もいますが、長生きしたい、したくない以前に、そもそも長生きできるという保証はどこにもないのですから、百歳を前提に人生設計をすることは、私にはあまり意味があるとは思えません。

そうであれば、直近のことであれ、（長生きをするとすればの話ですが）遠い先のことであれ、こないかもしれない未来のことを今、思い煩って恐れたり、不安になったりすることには意味がありません。

『老後に備えない生き方』という題名の本を書いたことがあります。もちろん、備えておかなければならないことは多々あります。しかし、老後に備えるために「今」生きることの喜びをふいにしては意味がないと、私は書きました。

若い人であれば、今の人生をきたるべき本番の日のためのリハーサルだと考える人はいるでしょう。そのような人は、子どもの頃から、「将来成功するためには、今はしたいことがあっても我慢して勉強しなさい。今、頑張っておけば後で楽ができるから」というようなことを大人からいわれ、未来に本当の人生があると思い込まされてきたのです。

自分でもそう信じて疑わず、成功者として生きられると信じて、今の喜びを犠牲にしてまで一心不乱に勉強しても、その努力が報われるとは限りません。行きたいと思っていた大学に入れなかったり、大学に入ったのにコロナ禍で講義を満足に受けられなかったりというような思いがけない出来事に遭遇し、輝かしい本番の人生などどこにもなかったと気づくことがあります。

たとえ首尾よく希望する大学に入れたとしても、受験勉強の苦労は、その後の人生で経験する苦労と比べれば、大したものではありません。

この先何があろうと、今が本番です。先の人生のために今を楽しまない生き方を、私は好ましいとは思いません。

「終活」をする人も同様です。今楽しめるのに、最期のために今生きる喜びを犠牲にしているように私には思えるのです。誰もが死を免れることはできませんが、いつどこでどんなふうに死ぬのかは自分で決めることはできません。家族と暮らしていても、一人で死ぬことになるかもしれませんし、看取られて死ねるとしても、死ぬのは自分であって、他の人が一緒に死んでくれるわけではありません。

未来は「未だ来ていない」というより、「ない」のです。未来があるという保証はどこにもありません。少なくとも、自分が思い描いている人生になるという保証はまったくありません。

そうであれば、徒《いたずら》にこれから起こることを恐れるよりも、今できることに専念する。これが「今を生きる」ということの意味です。

未来に向けた原因論

これから先を考えて恐れたり、不安になったりするのにはわけがあります。「孤独死するかもしれない」という恐れに囚われている人は少なくありません。家族に頼らず、死んでからの諸々のことは友人に任せようという人もいますが、煩瑣《はんさ》な手続きを引き受けてくれるような友人がいなければどうするのかという問題があります。そのようなこれから起こるであろうこと、死んでからのことを思うと不安でならない気持ちはわかります。

しかし、「不安や恐れに囚われているので、前向きに生きられない」のではありません。むしろ、「前向きに生きないために、孤独死するかもしれないというような不安に囚われている」と考えた方が、不安に囚われる真実に近づけます。

私は「未来に向けた原因論」という言葉を使うことがあります。本来、原因は過去にあるので、未来について「原因」という言葉を使うのはもちろんおかしいのですが、未来に起こることが、今の人生、そしてこれからの人生のあり方を決める原因となると考えるという意味です。

これからよいことは決して起こらないとか、今いいことがあってもどうせ長続きしない、最後には必ず何か悪いことが起こると考える人は大抵、今の状況を改善する努力をしないことを決心しています。そのように考えることで、今幸福である人は今の幸福にブレーキをかけますし、今不幸であると感じている人は、不幸の原因は未来に起きる悪しき出来事だと考えるからです。

実際には、未来に何が起こるかはわからないので、これから起こる出来事を今の人生を前向きに生きられない原因にすることはできません。これからどうなるかもわからない人生を切り拓いていけるのは自分だけなのですが、どんな努力もしないでおこうと思う人は、これから起こる出来事はよくないことだと決めておけば、人生が思うようにはならなくても、その原因を自分のせいにしなくてすみます。

もちろん、どんなに努力しても人生が思い通りになるわけではありません。思いもかけない事態が訪れて、人生の行く手を阻むことがあるからです。

それでも、何もしないより、できることをしていけば、人生は必ず変わっていきます。たとえ不幸な出来事に遭遇したとしても、悲しみにただうちひしがれているのでなく、悲しみを梃子《てこ》にして人生を生き抜く勇気を持つのと持たないのとでは、大きな違いがあります。

起きる出来事が不幸とは限らない

不幸な出来事と書きましたが、起こった出来事が本当に不幸なのかどうかは、少なくともその時点ではわかりません。

これから人生を共にしようと思える人と出会うことなく、一人で生き、最後には孤独死するかもしれないという不安を持った人でも、誰かと出会い結婚するかもしれません（もっとも、そのことが幸福であるかもわからないのですが）。

初めから誰とも結婚しないと決めている人であれば、たとえ誰かと出会っても、その人を恋愛対象と見ないでしょうから、その人と恋愛し結婚することはないでしょう。そうであれば、その人が誰とも出会わないとしても、それは自分で決めていることなので、それを不幸であるとはいえないでしょう。

反対に、結婚し幸福の絶頂にあると思っている人が、ある日パートナーと大喧嘩をして離婚を決心することになるかもしれません。もちろん、そんな事態は起こらないかもしれません。どんな出来事、体験もそれ自体では幸福であるとも不幸であるともいえません。結婚すれば必ず幸福になれるのでも、結婚しなければ必ず不幸になるわけでもないということです。

この先起こる出来事が何かわからないということは不安なものですが、もしもこれから起きることのすべてがわかっていれば、生きる喜びすら感じられません。時には不幸のどん底に沈むような出来事が起こるかもしれませんが、それでも今見たようにそれが必ず不幸であるというわけではないのです。

とはいえ、起こった出来事が不幸であるとは限らないというのは、不幸の渦中にある人にいえることではありません。

私は病気になって仕事を失う経験をしましたが、病気になったおかげで学んだことは多々ありました。その意味で、病気もよい経験になったと今はいえますが、他の人に対しては病気をしてよかったとはいえません。

自分でも病気になったことをなかなか受け入れられない時に、見舞いにやってきた人から、ずっと働き詰めだったのだからゆっくり休んだらいいといわれると嬉しくはありません。

さらに深刻なケースになりますが、カウンセリングの場で自ら命を絶った人の家族と話すことがよくありました。私がいつもいうのは、亡くなった人の人生をその最期だけで判断してはいけないということです。たしかに、家族は自殺を止められなかったことを後悔しないわけにはいきません。長く悩んでいたのに力になれなかったということはあります。相談もしてもらえないこともあるでしょうし、相談に乗ったとしても本人の決心を覆すのは困難です。まして突然の死であれば、家族といえども防ぎようがありません。そのような家族に起きた出来事に対してよかったとはいえません。

しかし、そのように亡くなった人が生涯ずっと不幸だったかといえば、そうとはいえないという話はしました。それでも、起きた結果を受け入れるためには長い時間が必要です。

事故や災害に遭った時も同じです。何もかも失うような出来事を経験すれば、それを受け入れられるまでには時間がかかります。そうできるようになる前に当事者ではないまわりの人から、起きた出来事には意味があるというような話をいわれたくはありません。

老後を一人でどうやって過ごすか

老後の話題に戻しましょう。

歳を重ね身体が不自由になると、一人で外出することが難しく、家に引きこもりがちになります。結婚している人でも、「パートナーと死別すれば一人で余生を過ごすことになるかもしれない」と孤独な人生を恐れる人は多いでしょう。しかし、パートナーと死別したからといって、必ず孤独になるとは限りません。

私は父を最初は家で介護をしていましたが、後に施設に入れることになり、毎日父と会うことはなくなりました。父の世話をしつつ、原稿を書くなど自分の仕事もしていたので、私の生活は楽になりましたが、父の認知症がどうなるか心配でした。

幸いというか驚いたのですが、父の認知症は入所後少し改善しました。父は最初はマンションの一室を借りて住んでいるものと思い込んで不安そうにしていましたが、会いに行くと穏やかな表情で迎えてくれるようになって安堵しました。

認知症が改善したのは、家で私だけで介護をしていた時と違って、施設のスタッフや他の入所している人たちとの接触が増えたからだと思います。

父の様子を見に行くと、いろいろなプログラムがあって楽しそうに過ごしていましたが、一つ気がかりな点がありました。

施設のプログラムの一つに塗り絵がありましたが、定年後に油絵を描いていた父にとって塗り絵はつまらなそうに見えました。そこで私はスタッフにただ色を塗るのではなく、絵を描かせてほしいと頼みました。

施設では一人一人に若い頃のことをたずねたりはしないのかもしれませんが、皆が同じ作業を同じ時間にやらされるというのであれば、私が長生きできて施設に入ることになったとしたら、苦痛でたまらないだろうと思いました。

もちろん、自分で何をするかを決められない人はいるでしょうが、少なくとも何がしたいか、何をしたくないかをたずねる必要はあります。相手からたずねられなければ、自分の希望をいってはいけないと思っている人がいるからです。自分の考えをいわないのは、子どもの頃からいわれたことに従うように、あまりに慣らされているからかもしれません。

ケアする側には老人はきっとこんなことが好きで、こんなことならできるのだろうというような思い込みがあるのかもしれませんが、楽しんでいるはずだと思い込まないことが必要です。何に興味があり何ができるかは、一人一人違って当然だからです。

読書する人は孤独でない

私が高校生の時に教わった先生の一人は当時七十歳でしたが、「若い頃から金儲けばかりに熱心で本を読むことを知らない人が多い。私は教師を辞めたら若い時に買い溜めた本を読む」といっていました。

若い頃から仕事ばかりしていた人は、読書の楽しみを知らないのかもしれません。本を読む暇などなかったといいたい人はいるでしょうが、仕事ばかりして生きることはありません。

読書の効用については第二章でも触れましたが、本を読める人はどんな状況にあっても、孤独になることはありません。本を読めるのであれば、誰と会わなくても平気です。

今さら本を読めるようにはならないという人がいます。しかし、本を読んでこなかった過去は、「今」本を読めない理由にはなりません。

歳を重ねると健康に気遣ったり、認知症になることを恐れたりする人が、散歩や計算ドリルに一生懸命取り組むことがあります。それと同じような努力を読書に向けていけない理由はありません。

読書は例えば映画鑑賞と比べると、能動的に関わらなければなりません。映画やテレビドラマは自分から何もしなくても最後まで観ることができますが、読書はやめればそれ以上先に進めないということです。しかし、これは自分のペースで読み進められるということなので、最初からたくさん読もうと思わなければ、読書も面白いと思えるようになります。

私の先生は、仕事を辞める前に亡くなりました。仕事を辞めてからではなく、何事も思い立ったらすぐに始めなければならないと、先生の訃音《ふいん》に接した時に思いました。

親と生きられる幸福

親との関係がこれまでどうであれ、そのことに囚われずに親から自立しなければなりませんが、親が高齢になると子どもとしては親の介護について考えないわけにはいきません。

もちろん、親に同居を勧めても親は拒むかもしれませんが、いよいよ身体の衰えが顕著になると、親も子どももどうするかを考えないわけにはいきません。しかし、親と長く離れて暮らしていた子どもが親と同居を始めた時に、よい関係になれるという保証はありません。

子どもが親を介護するのは、親に育ててもらった恩を返すためではありません。助けを必要としている親を子どもが介護するということであって、そのことと親から育てられた恩を切り離さなければなりません。これまでの関係性とは別に、ちょうど電車の中で助けを必要としている人を見た時に援助しようと思うのと同じように、親の力になりたいと思えるのが望ましいのです。

当然、介護は義務ではなく、その時の状況によっては気持ちがあっても、親の力になれないことはあります。

私が心筋梗塞で倒れた時、父に心配をかけることになりました。それまで父は弱々しい声で自分の体調不良を訴える電話をよくかけてきました。ところが、父は私が病気で倒れたことを知ってからは、声に力が張《みなぎ》り若返ったように見えました。

その後私は仕事を減らして養生に努めていましたが、身体の具合も回復してきたので、また前のように働こうと思っていました。その矢先に、父が認知症を患っていることがわかりました。自分の病気に気を取られ、離れて暮らしていた父のことをあまり気にかけずにいたのでした。近くにいて頻繁に会っていたら、父の異変にもっと早く気づいたかもしれません。

そこで、一人暮らしをしていた父を実家に引き取りました。私が週に何日かの非常勤講師の仕事しかしていなかったのは幸いでした。その間またもや外での仕事がほとんどできなくなり、父の介護をしながら本の原稿を書く毎日を過ごしました。

この時、私は本来そこで生きるべき社会から隔絶されて生きているように感じました。自分が病気になったために働けないのなら、社会から隔絶したような気持ちになったとしても、なんとか諦めをつけられます。

しかし、それが親を介護するためであればこれは仕方ないことだとは、なかなか割り切れませんでした。父は定年でもはや働いていないけれども、私は身体が元気になったのだから、ここで父と一緒にいてはいけないのではないかと思ったのでした。

介護は私でなくてもできるのではないか、どれほど頑張っても父がそのことを忘れてしまうのであれば、私が他の仕事をしないで父と毎日長い時間を共に過ごすのは無意味ではないかと思ったこともあります。

しかし、私の考えは変わりました。私が父の介護ができたのは、会社勤めをしていなかったからです。病気になって以来、学校での講義や講演活動など外での仕事をほとんどしていなかったので、父を介護できたのでした。

晩年の父と息子である私が共に過ごせるのは何かの巡り合わせであり、子どもの頃から必ずしもいい関係であったとはいえないにしても、父は私にとっては大事な人なので、このような機会が与えられてありがたいと思いました。

その親と一緒にいられるのであれば、社会と隔絶していてもいい、親と一緒に過ごせるのであれば孤独であると考えなくてもいいと思えるようになりました。

母の看病と父の介護

私が大学院で学んでいた時、母が脳梗塞で倒れ入院しました。三ヵ月の闘病後に亡くなりましたが、平日は病院で毎日十八時間、病床の母に寄り添って過ごしたので、大学に行くことはできませんでした。

最初の頃は、研究室の仲間から大きく後れをとっているように思え、焦りを感じました。この時、私は人生の意味を病床の母のそばで毎日考え続けました。亡くなった母と共に家に戻った時には、目の前に敷かれていると考えていた人生のレールから脱線したように思いました。実のところ、最初からそのようなレールはなかったのですが、それまでは何となく先の人生が見えているような気がしていたのです。

その時も、私はこんなことを考えました。当時は完全看護という制度がなかったのか、あるいは母が重体だったので家族がいつでも何かあった時に駆けつけるためだったのか、今となってはよくわからないのですが、誰かが病床についていなければならないとしたら、私しかいなかったのです。父は働いていましたし、妹も結婚して家を出ていたからです。

大学に行けないのは残念でしたが、私は学生だったので母と過ごすことができました。母が肺炎を併発して意識を失う前は、ドイツ語の勉強をしたり本を読み聞かせたりしていました。

母はありがとうという言葉もさることながら、どんな言葉も発しなくなりましたが、そのことで自分が母にとって意味ある存在ではないと思ったことはありませんでした。父の介護の時と感じ方が少し違っていたのは、関係のあり方が違っていたからです。父との関係は介護するようになる前にかなり改善していたのですが、父とは子どもの頃からあまりいい関係ではなかったという思いがあり、そこからなかなか脱却できなかったのです。

しかし、そのようなことも、今となっては関係がないと思うようになりました。父がある時「忘れてしまったことは仕方がない」とつぶやいたことがありました。勝手に忘れてもらっては困るとも思いましたが、たしかに父のいう通りなのです。

認知症者の孤独

子どもに介護で迷惑をかけるくらいなら、早死にしたいというのが本心である人は多いのではないでしょうか。さらに、長生きで不安なこととして、認知症をあげる人もまた少なくありません。

家族は親が自分のことさえわからなくなってしまったことに驚きます。認知症の回復とは記憶力がよくなることでも、過去の出来事を思い出せるということでもありません。自分が置かれている状況や、「今」自分がどんな対人関係の中で生きているかを理解できることです。人とのつながりが、認知症の人をこの世界に戻します。

もちろん、自分の置かれている状況を理解できないのが認知症の症状なので、自分がどんな対人関係の中で生きているかを正しく理解することは容易ではありません。

私の父は、長年一緒に暮らした母のことを忘れてしまいました。私は父に、覚えていないはずはないといいたくなりました。今し方の言動を忘れるというようなことであれば、認知症でなくても誰もが一度は経験しているでしょう。人と会う約束を忘れてしまったり、何かを取りに行こうと隣の部屋に行ったのに、部屋に入った途端に何を取りにきたのかわからなくなったりするようなことです。その程度なら、親がしばしば物忘れをしたとしても受け止めることができます。しかし、若くして亡くなったとはいえ、父が長年連れ添った母を思い出せないことを私は理解できず、父が認知症を患っているという現実をなかなか受け入れられませんでした。

父が母のことを忘れたのにはわけがあったのでしょう。自分には妻がいたこと、その妻はもうずいぶん前に亡くなり、自分はその後一人で生きてきたという事実を知ることが父にとって幸福かといえば、必ずしもそうではないかもしれないのです。

父は思い出したくない記憶を封印したのかもしれません。父は他の誰よりも孤独だったに違いありません。孤独から逃れるために人と一緒にいたいと普通は思うでしょうが、人と一緒にいても孤独を感じることがあります。父の場合、母を思い出せば、かえって孤独を感じると思ったのでしょう。

父がそう考えて母のことを忘れようと思ったのだとしたら、忘れたといっているのを否定してはいけないと思いました。父は母のことを忘れるという方法で孤独から逃れることはできたかもしれません。しかし、そのことと「今」父が孤独を感じているか否かは別問題です。父が早く逝った妻との関係で感じる孤独は、父が自分で何とかするしかありませんが、家族は「今」父が家族の中で孤独を感じないでいられる関係をどう築けるかを考えなければなりません。

親が過去の出来事を忘れてしまったとしても、たとえ家族のことを誰であるかがわからなくなったとしても、親といい関係を築くことはできます。

そのためには、家族も親との過去を手放す必要があります。初めて会う人とでも仲良くなれます。親との間でこれまでの人生で何があったとしても、初対面の相手と思ってみれば、必ずいい関係を築けます。

関係というのは一方だけが決めるものではありません。親子関係でいえば、親と子どもがそのあり方を決めるのです。親は自分の言動に対しての家族の反応が変われば、変わらないわけにはいきません。すぐに何もかもが変わるわけではありませんが、自分が同じ立場に置かれたらと想像すれば容易にわかるように、最初は家族の変化に戸惑いを感じるのです。

七十歳でバレエを習い始めた高齢男性

ここで思い出されるのは『ナビレラ』という韓国ドラマです。子どもの頃から憧れていたバレエを七十歳になって習い始めるドクチュルという男性の話です。長年郵便配達員をしていたドクチュルは、バレエをしたかったことを思い出し、習い始めます。

歳を重ねてから新しいことを学ぶ人は多いですが、それがバレエであることを意外に思う人はいるかもしれません。親がレオタードを着て若い先生についてバレエを習っているのを知った家族は、怪我でもしたらどうするのかといって反対します。

ドクチュルには時間がありませんでした。認知症を患っていることを知って、自分が誰かわからなくなる前にバレエの舞台に立ちたいと願っていたのです。そのことを家族には隠していました。彼のバレエに懸ける思いがわかった時、七十歳になってレオタードを着てバレエの練習をする少し変わったおじいさんと見ていた人は、彼がなぜ真剣に練習するのかを知って驚きます。

とはいえ、ドクチュルが抱いた恐怖は、ドクチュル本人にしかわからないものでしょう。自分が誰かがわからなくなる恐怖は、介護する家族にも理解することは難しいかもしれません。自分が誰かわからなくなっても、まわりの人は呼びかけてくるでしょう。

しかし、呼びかけられた当人には、それが誰の名前かわかりません。子どもが親から「あなたの名前は……」といわれても最初は意味がわからないのと同じです。

ここに一緒にいるからといってみても、親からしてみれば一緒にいるといってくれる人が誰なのかわからなかったり、自分が誰かもわからなかったりするのは想像しただけで怖いものです。まわりにいる人ができることは、親とよい関係を築くことです。その関係が親の新しい人生を築きます。そのことが親を孤独から救うでしょう。

8050問題

ここまで介護や老後の暮らし方について述べてきましたが、親が老いてなお子どもの世話をしなければならないケースがあります。例えば、五十代の引きこもりやニートの生活を、八十代の老いた親が支えることが社会問題になっています。いわゆる「8050問題」です。親はどのように子どもに接することができるか、自分自身の晩年をどのように過ごすべきかを考えてみなければなりません。

どのように人生を生きるかは、原則的には子ども自身の課題であって、親の課題ではありません。犯罪を犯していないのであれば、どんな生き方をしていようと、それをまわりの人がとやかくいえないということです。
とはいえ、子どもは、老いてきた親からこの先いつまでも援助を受けて生きていくことはできません。親も自分自身の人生を生きていかなければならないので、これからどうするかは親と子どもの共同の課題にすることはできます。子どもの課題であるけれども、子どもがこれからどう生きるかは親にも影響を及ぼすので、協力して考えていくということです。

話し合いをするにあたって、手続きをきちんと踏むことは大切です。子どもにいきなり「もうこれからは一人で生きなさい」といってみても、「それができるくらいなら、これまでの何十年の人生の中でとっくに自立していた」といわれるでしょう。子どもも現状をよしとしているわけではありませんし、親の死後、自分の人生がどうなるかを心配していないわけではありません。

ですから、親は子どもにまず「これからのことについて話をしたい」と切り出します。ただし、もしも話を聞くことを子どもが断るようであれば、次の機会まで待った方がいいでしょう。

その上で、もしも話ができるようであれば、まず、子どもの自尊心を傷つけるような話は避けなければなりません。どうして働かないのかというようなことは、親にいわれるまでもなく、自分でも現状がいいと思っているはずがないからです。

次に、過去を不問にしなければなりません。これまで長年引きこもっていたことは事実ですが、それを今指摘し、非難してみても過去が変わるわけではありません。これからどうするかを考えるしかないのです。

親が子どもにできるのは、今は親の年金を当てにしているけれども、親はいつまでも生きられるわけではないので、今の生活はいずれ維持できなくなるという事実を告げることだけです。これとて、親にいわれなくても、子どもはわかっているはずですが。

親なのでできるものなら子どもの力になりたい。しかし、これからずっと面倒を見ることはできない。どうしたらいいかを一緒に考えたい。このような言い方であれば、子どもも比較的抵抗なく話し合いに応じてくれるかもしれません。

冷たく聞こえるかもしれませんが、子どもが長年引きこもっていたことの責任が親にないとはいえません。この点についても、これまでどうだったかを振り返って自分を責めても甲斐はありませんが、子育ての目標は子どもの自立であることをしっかり理解しなければなりません。これまでは、いろいろ事情はあったのでしょうが、子どもを自立に向けて援助してこなかったのです。

親も自分の人生を生きよう

仕事に就けていない現状でいきなり援助を打ち切るとか、家から出すというようなことは実際問題としてはできないので、すぐに何もかも変えることはできません。しかし、先に述べたように、いつまでも援助を続けるわけにはいかないと伝えた上で、親が自分の人生を生きなければなりません。

歳を取り、できないことも多くなってきているかもしれませんが、それでもこれまでできなかったことに取り組んでみることを私は勧めてきました。

親が子どもの今後を思っていつも憂鬱な気分になるばかりでは、子どもがこれまでとは違う人生を生きるようにはなりません。

長く引きこもっている子どものいる家庭の事情は様々でしたが、起きていることの本質はどのケースでも同じでした。つまり、先にも見たように、子どもがどんな人生を生きるかは子どもの課題であって、子ども自身が決めるしかないにもかかわらず、親がこの点をあまり理解していないことがよくありました。

そこで、ある時、相談にこられた人に、子どもの課題は子どもに任せて自分自身の人生を生きていいという話をしました。毎日、四六時中、親が子どもの心配ばかりしているとすれば、実はそれこそ子どもが願うことなのです。親に注目してほしい子どもは、親が一番困ることをするのです。

学校に行かなかったり、働かないで家にいたりすると大抵の親は心を痛めますから、子どもは親を苦しませることで親の注目、関心を自分に向けようとします。

親にできることは、そんなことをしなくてもあなたをきちんと見ているよと伝えることです。

カウンセラーは親に対しても、子どものことをいつも気にしなくなるような援助をします。ある親は私と話をしている最中も、子どもからかかってくる電話を受けていました。私はそのことをさほど気にはしていませんでしたが、ある時、カウンセリングの間は電話の電源を切っておくことを提案しました。「出かける時に、お母さんが出かけている間に死ぬかもしれないといったのです。子どもの身にもしものことがあったらどうするのですか」と心配する親を説得するのは容易ではありませんでしたが、やがて電話を切ることができるようになりました。

親に対して、「仕事に打ち込んでみては」と提案したこともあります。仕事をしていない人であれば、「趣味を極めてみては」と勧めてみたものです。どちらの狙いも、子どものことを少しの時間でも忘れられる時間を作ることです。

この母親に対しては、趣味の太極拳を極めるよう勧めたところ、思いがけず本気で学び始めました。やがて中国にまで師匠を求めて修行に行くようになりました。そこは、携帯電話はもとより電話もつながらないところでした。

父親とも度々話す機会がありましたが、母親に対してと同様に「カウンセリングにこないで仕事をした方がいい」と助言しました。するとある時「仕事が忙しくなったので、また連絡する」という電話を最後に、カウンセリングにこなくなりました。

それから二年後、子ども本人がやってきました。一体どんな心境の変化なのかと思いきや、彼はこういうのです。

「前は父も母も私のために一生懸命カウンセリングを受けたり、精神科の先生のところに行ったり、不登校の親の会に参加していたのに、最近は母は趣味に一生懸命で、父親は仕事ばかりしていて、私のことを少しも心配していないように見える。だから、これからどう生きていけばいいかということについて相談しにきた」というのです。それまで親が子どものためによかれと思ってやっていたことが、子どもの自立を妨げていたということです。

子どもが自分の人生をどう生きるかを考え始めなければ、何も動き出さないのです。

第五章　死と孤独

孤独死するかもしれない不安

生きていく上でこれから何が起こるかは誰にも予測できませんが、大抵は日々をどうにか生き抜くことはできるでしょう。問題は、人生の最後に必ず死が待ち受けているということです。しかも確実なのは、死ぬということだけであって、いつどこで死ぬかはわかりません。

このような事態に対処するためにできることは、一つはわからないことは考えないことです。他のことであれば、起きるかもしれないし起きないかもしれません。だから、待ち受けることもあれば、起きないように祈るということはあるでしょうが、死は逃れようがないので、待たなくていいと考えることです。それがいつ、どのようにくるかは誰にもわからないからです。少なくとも、それが怖いものと思って待たなくてもいいのです。

もう一つは、これまで見てきたように、死が必ず不幸であるとは考えないことです。自分一人で死ぬことを恐れる人は多いですが、たとえ家族に看取られて死ぬとしても、死ぬ時は誰もが一人です。

一人で死ぬことは「死の条件」――人がどのように死んでいくかということ――であっても、死そのものではありません。一人で死ぬからといって不幸であるわけではありません。コロナ禍で入院できず自宅で一人亡くなる人がいるというのは政治の責任です。そのようなことがあっていいはずはありませんが、一人で死ぬこと自体が不幸であるわけではありません。

また、死の条件も死そのものも不幸であると、状況を離れて決まっているわけでもありません。

一人で暮らしていたら誰にも知られず孤独死する確率は高くなりますが、家族と同居していても、隣で寝ていたのに夜中に気づかれることなく死ぬという可能性もあります。しかし、だからといって、そのことが不幸だったとは誰もいえないでしょう。

先にも引いた三木の言葉をもう一度引きます。

「孤独が恐しいのは、孤独そのもののためでなく、むしろ孤独の条件によってである。恰も、死が恐しいのは、死そのもののためでなく、むしろ死の条件によってであるのと同じである」

（『人生論ノート』）

三木がここで孤独と孤独の条件について論じる時に、「恰も」と死を引き合いに出しているのはたまたまのことではありません。

コロナウイルスによって生活が一変し、人と自由に会えなくなったということだけなら、本当はそれほど恐れる必要はありません。人に会えないことで孤独を感じたり、会うのを断った時に対人関係上のトラブルが起きたりすることはあるでしょう。そのような時にどう考え、どう対処すればいいかは先に見ましたが、怖いのは感染それ自体です。一時的に感染者数が減っても、ワクチンを接種しても、感染を防ぎきることはできません。どれほど注意していても世界的な感染拡大と新種の変異株のニュースを聞くたび不安にならないわけがありません。感染すれば重症化、さらには死に至ることもありうるという恐れが、不安の根底にあるからです。

生涯一度も病気にならない人はいないでしょうが、自分は健康で病気とは無縁だと思っていた人も、いつ何時コロナウイルスに感染するかわからないという意味で可能的な病者といえます。もちろん、誰もが感染するわけではなく、感染したからといって、誰もが必ず死に至るわけではありませんが、多少なりとも死を思うものです。他のどんな病気の場合も同じです。

もっとも、感染して「このまま死ぬかもしれない」という不安に襲われたことなど、回復するとすぐに忘れてしまうこともありますし、「明日は自分も感染するかもしれない」と恐れていた人でも、感染者が減ると何事もなかったかのように普通の生活をする人がいる一方で、一度経験した死への不安、恐れを消し去ることができない人もいるでしょう。

人は一人で死んでいく

三木が「死が恐しいのは、死そのもののためでなく、むしろ死の条件によってである」といっているのは、死がどういうものかは誰にもわからないからです。死んで生き返った人は誰もいません。

確実なのは、人は必ず死ぬということです。しかし、いつどのように死ぬことになるかはわかりません。一人で死ぬかもしれません。新型コロナウイルスに感染した人が、治療も受けられず一人で亡くなったという話を聞くと、孤独死が現実味を帯びてきます。一人で死ぬことになるかもしれないと思うと、死が恐ろしいものに思えます。しかし、一人で死ぬのは、「死の条件」です。

死それ自体がどんなものかわかりません。また、死は見えませんが、死の条件は見えるから怖いのです。

しかし、一人で死ぬからといって死が怖いかどうかはわかりません。経験のないことについてそれが怖いと思うのは、ソクラテスによれば、知らないことを知っていると思うことです（プラトン『ソクラテスの弁明』）。

治安維持法違反の嫌疑で逮捕され投獄された三木は、誰にも看取られることなく獄死しました。三木は、一人で死ぬことを恐れたかもしれません。しかし、「死が恐しいのは、死そのもののためでなく、むしろ死の条件によってである」といった三木は、死そのものは恐れていなかったかもしれません。

繰り返しますが、はっきりしていることは、家族に看取られようが看取られまいが、人は一人で死んでいくしかないということです。

死の孤独は克服できるか

孤独を恐れて、共に生きるパートナーを求める人がいます。しかし、人生を共にする人がいても、孤独を免れることはありません。人はどんな人生を送っても最後には必ず死ぬからです。愛するパートナーと死別するかもしれませんし、自分が先に死ぬかもしれません。先に見たように、看取られて死ぬとしても、死ぬのは自分であって、誰も代わってくれるわけではありませんし、一人で死ぬしかないのです。

若い二人であれば、遠い先に訪れるであろう死のことなど考えず、毎日を楽しく生きていけるでしょう。仕事や家事、子育てなどで忙しい日々を送っていれば、死に意識を向ける余裕すらないかもしれません。

それでも、幸福の絶頂の中にあって、いつまでもこのような幸福は続かないかもしれないことに思い至ることがあります。人生の最後に死が待ち受けていることに気づくきっかけに直面するからです。人によって違いますが、肉親が死んだり、自分自身が病気になるというようなことがきっかけになります。
森有正が、孤独について次のようにいっています。

「死が絶対の孤独であるとすると、生の中からはじまるこの孤独は死の予徴である」
（『流れのほとりにて』）

人は遅かれ早かれ間違いなく死にます。しかも、たった一人で死んでいかなければなりません。「死が絶対の孤独である」というのはそういう意味です。
私は救急車で病院に運ばれたことがあります。医師は心電図を見て心筋梗塞であると告げました。その時、私は五十歳でしたが、人はこんなふうに死んでいくのか、死ぬのは何と寂しいものかと思いました。

「沖縄島最南端の喜屋武岬《きゃんみさき》の断崖に追いつめられて、誰にもしられず、いよいよそこで最期を遂げて、岩かげに朽ちはててしまうのかと思ったときほど、さびしかったことはなかった。沖縄の山野には、幾万もの同胞が、こうした孤独感を抱いたまま今も埋もれている」

（仲宗根政善『ひめゆりの塔をめぐる人々の手記』）

これは仲宗根政善の言葉です。仲宗根は、太平洋戦争末期に沖縄で学徒看護隊として戦争に参加した、ひめゆり部隊の引率教官でした。

ひめゆり部隊の生徒たちは、死の孤独感の中で岩肌にピンで自分の最期を記しました。この絶対の孤独としての死は、生の中から始まっていると森はいっています。「生の中からはじまるこの孤独は死の予徴である」というのは、人は生きている間に孤独を感じるのであり、孤独を感じる人は生きている時に死を体験しているということです。

死ぬまさにその瞬間に死を初めて体験するというのではなく、生きている最中に予徴的に死を体験するのです。死の予徴は死それ自体と同じくらい怖いと感じる人は多いでしょう。誰も死んで生き返った人はいないのですから、死がどういうものかは誰も知りません。それにもかかわらず、つまり、死が何かを知らないのに、死を恐れるのです。

孤独である人は、死の予徴を感じます。この孤独を克服するために人を愛するのです。生きている時に孤独を感じなければ、死も絶対の孤独ではなくなる可能性があると考えるからです。人間である以上誰も死から逃れられませんが、孤独感を克服することができます。そうすることで、死の恐れもいくらかは軽減するかもしれません。

　生きている時に人を愛そうとする人は、このようにして死の恐れを克服しようとしているのです。絶対の孤独である死を免れることができなくても、いつかは訪れるであろう死を何とかして受け入れることはできないものか。そんなことをいつも意識しているわけではありませんが、自分は孤独ではないことを実感したいと思う人は、人との結びつきを求めます。

人への執着は孤独でない証

　しかし、誰かと一緒にいたり、依存したりすることでは、この孤独を克服できません。孤独であることを望んでいるわけではないのに、人と関われば、嫌われたり、憎まれたり、裏切られたりするからです。

　孤独を克服するために必要なことは、他者との結びつきの中に自分が生きているという事実を知ることです。それができれば、どんな状況にあっても一人ではないことが実感でき、たとえ一人で死ぬことになっても孤独を感じることはないでしょう。

　反対に、誰かと一緒にいても、とりわけ自分が愛する人と一緒にいても、その人と自分が結びついていると思えなければ、いよいよ孤独感は増すことになります。

子どもたちの保育園の送り迎えを長年した私の経験については何度か触れてきましたが、慣れれば子どもは親と別れても泣いたりしません。親がいなくなっても、夕方必ず迎えにきてもらえることを知っているからです。

死はこのような一時的な別れとは違い、死別した人とはたしかに二度と会うことはできません。しかし、死別しても死者との関係が切れるわけではありません。そのことを知っている人は、死別の時、別れの悲しみはあっても、孤独にはならないでしょう。

死を思うと、多かれ少なかれ恐れを抱くものですが、人とのつながりを感じられる人は、死ぬ時も孤独ではありません。

三木清が次のようにいっています。


「執着する何ものもないといった虚無の心では人間はなかなか死ねないのではないか。執着するものがあるから死に切れないということは、執着するものがあるから死ねるということである」

（『人生論ノート』）

死を前にして何の恐れもなく大往生するのでなくてもいいと私は考えています。死にたくないと号泣してもいいのです。自分が後に残していく人への執着を断ち切ることなどできません。なぜ執着するのかといえば、家族や友人、とりわけ人生を共にした人と自分が強く結びついていることを実感するからです。死がどういうものかは誰にもわかりませんが、執着を感じるということは、その人は人生において孤独ではなかったことの証左です。

「深く執着するものがある者は、死後自分の帰ってゆくべきところをもっている。それだから死に対する準備というのは、どこまでも執着するものを作るということである。私に真に愛するものがあるなら、そのことが私の永生を約束する」
（前掲書）

残された生者も、死者との強い結びつきの中で生き続けることになります。この結びつきも執着といって間違いありません。死後何年経っても、死んだ人を忘れることができないのであれば、自分が死んだ時も自分がいつまでも忘れられることはないのだと確信できるでしょう。

死別の喪失感と孤独

恋人との別れに限らず、誰かと何らかの形で別れた時、喪失感を覚えるものです。肉親や親しい人と死別して、喪失感を持たなかった人はいないでしょう。人は一人で生きているのではなく、誰かとのつながりの中で生きているので、自分とつながりの中にあった人が死ねば、自分の一部が失われたと感じるからです。

このつながりが強く感じられる人もいれば、そうでない人もいます。本を愛読していた作家の訃報に触れた時には、面識はなくても、いつの間にかその作家が自分の中で大きな存在になっていたことに気づかされます。

まして、子どもの頃からずっと一緒に生きてきた家族は深いつながりの中にあり、自分の人格の一部を形成してきたといえます。だからこそ、家族の死は自分の人格の一角が消失するといっていいほどの出来事なので、喪失感は強いものになります。

そのような喪失感は、多くの場合、長い時間続くことになります。それでも、やがて喪失感は徐々に消えていき、いつか死者のことを忘れている自分に気づくようになります。

なぜ死者を忘れられるかというと、人は死者とだけつながっているわけではないからです。たくさんの人とのつながりの中に生きているので、たとえ一時的に強い喪失感を持つことになったとしても、他の人の存在が心の空白を埋めることができます。もちろん、誰も代わりとなれる人はいませんが、他の誰かのことが心を占めるようになると、今関わりのある人を優先しないわけにはいかず、故人のことはやがて死別直後ほど思い出さなくなってきます。

これは薄情なことでしょうか。いえ、望ましいことなのです。いつまでも故人を忘れられなければ、生きていくことができないからです。

このような意味での喪失感は、孤独感と同じではありません。別れた時には喪失感はあっても、孤独感があるとは限りません。むしろ、死んだ人とも、常に共にいると感じる人は多いものです。

孤独感を感じるとすれば、その理由は別れる前、相手に依存していたからです。それゆえ、以前のように自分から去った人に依存できなくなると寂しく感じることになります。

先にも見た保育園の送り迎えと同様に、子どもが家で留守番をする時、親は必ず帰ってくるという信頼感があるので、親がいなくても不安になったりはしません。ところが、失恋して孤独を感じる人は、恋愛をしている時も相手に依存し、子どものようにしがみついていたのでしょう。留守番をする子どもとは違って、一度付き合っていた人が家を出て行けば二度と戻ってこないのではないかと不安になるのでしょうし、絶えず、居場所を確認し、監視していたことが想像できます。相手に依存していない人であれば、別れても喪失感はあっても孤独感はないでしょう。

今ここを生きる

人は確実に死ぬのだから、死は待たなくてもいいと書きましたが、死ぬこと以外に取り組まなければならない課題は多々ありますし、死を不安に思って今ここを生きる喜びをふいにする必要はありません。

電車に遅れ、待ち合わせに間に合わなくなったとします。慌てて家を出たので、携帯端末を忘れてしまいました。約束の相手に遅刻を詫びる連絡ができません。「はたして待ってくれているだろうか」とか「約束に遅れたから絶交されるかもしれない」と悪いことばかり考えて電車の中で不安になっても、相手がどうするかを決めることはできません。

電車の中で走ってみても、一秒たりとも早く着きません。そんなことをする人はいないでしょうが、死を恐れて生き急ぐ人も不安になっている人も、電車の中で焦っている人と同じように、自分ではどうすることもできないのに何とかしようとしているのです。

相手が待っているかはわかりませんが、不安になるくらいなら、窓から外の景色を見ていればいいのです。電車が着いた時、起こることは起こるべくして起きます。相手が親友であれば、腹を立てて帰ってしまっているということはないでしょう。恐れていたことは、大抵起こらないものです。

死のことを思って不安になったら死なずにすむのであれば、不安になればいいでしょう。しかし、不安は事態を少しも変えません。そうであれば、不安になっても仕方ありません。自分ではどうすることもできない問題で心を煩わせ、今生きることの喜びをふいにする必要はありません。

死を待たないのであれば、どのように生きるべきでしょうか。

今ここを生きる。これしかありません。ただし、死から目を逸らすために、今を楽しく生きるというのも間違っています。

古代ローマの詩人であるホラティウスの詩に carpe diem（日を摑め）という言葉があります。未来など頼みにしないで、今日この日を摘みとれと詩人は歌っています。

この言葉について、作家の須賀敦子が説明しています。ローマに帰った彼女の友人によると、次のような意味だというのです。

「これ［引用者註：carpe］は、花を摘むみたいに、葉のあいだに見えかくれする実を、ぱっと摘みとるとか、そんな言葉なんだよ。ぐずぐずしてないで、さっと摘め、そんな感じだ。ぷちん。その瞬間、私は、花の茎が折れる、微《かす》かだがはじけるようなあの音を聞いた気がした」

（『本に読まれて』）

一日一日をこんなふうに過ごせたらと思います。

第六章　あらためて孤独とは何か
――三木清の人生論に学ぶ

孤独と孤独感は違う

前章まで孤独をめぐって具体的な事例に即して考えてきましたが、これまでの内容を振り返りつつ、三木清の哲学をひもときながら孤独について考察します。

哲学というのは、本来的には「知を愛する」という意味です。幸福とは何か、この人生をどう生きるかを考えるのが哲学です。自分や自分の人生とは切り離された知ではなく、知れば生き方が変わらないわけにはいきません。

三木清は、孤独を二つの意味で区別して使っています。一つは寂しさです。一人でいると寂しいと感じるという意味での「孤独感」です。

私が生まれて以来長く住んでいたのは川のすぐ近くで、毎年夏に花火大会が開かれていました。常は夜ともなれば人通りが絶え静かなのですが、この日ばかりはたくさんの人がやってきて賑《にぎ》やかになり、それだけで心が躍るのですが、最後の花火が夜空に消え皆が帰ってしまうと、いつも以上に寂しさが迫ってきます。

この意味での孤独は、一人でいる時にだけ感じるわけではありません。

三木は次のようにいっています。

「孤独は山になく、街にある。一人の人間にあるのでなく、大勢の人間の『間』にあるのである」

（『人生論ノート』）

対人関係は悩みの源泉といっていいくらいです。先にも見たように、人と関わると何らかの摩擦が生じないわけにはいかないからです。人と関わって傷つくくらいなら、誰とも関わらないでおこうと思う人がいても不思議ではありません。

また、自分のことを誰よりもよく理解してくれる人だと思っていた人と、何かの折にぶつかって不和になる時もあります。そのような際に、人との関係の中で孤独を感じるのです。

一人でいて寂しさを恐れるのではなく、三木の言葉を使うと、「美的な誘惑」「味《あじわ》い」がある孤独を欲する人もいます。

もう一つは、知性に属するものとしての孤独です。三木は「孤独のより高い倫理的意義に達することが問題である」（前掲書）といい、孤独は感情ではなく知性に属するといっています。三木は、感情と知性についての普通の見解を正し、次のようにいっています。

「感情は主観的で知性は客観的であるという普通の見解には誤謬《ごびゅう》がある。むしろその逆が一層真理に近い。感情は多くの場合客観的なもの、社会化されたものであり、知性こそ主観的なもの、人格的なものである。真に主観的な感情は知性的である。孤独は感情でなく知性に属するのでなければならぬ」（前掲書）

普通の見解とは違って、感情は客観的、社会的なものであって、知性こそ主観的、人格的であると三木はいうのです。もしも感情がまったくの主観的なものであり、個人の内面に属するのであれば、感情に訴えたり煽《あお》ったりすることはできないはずです。しかし、実際にそれができるのは、感情は社会化された外面的なものだからです。

他方、知性は感情のように煽ることはできません。個人の人格に属するものだからです。

そこで、感情と思われているもので、人格的、内面的なものがあるなら、それは感情ではなく知性に属するはずです。孤独が一人でいると寂しいというような感情的なものではなく、自分は一人であるという自覚に立つ意識であれば、それはむしろ知性に属するのです。

自分は一人であるという自覚を持った自立した人は、自分の価値を自分自身でわかっているので、他者から承認される必要はありません。「人からよく思われたいから」という理由で人に合わせませんし、孤立しないために他の人の考えに同調もしません。

依存は孤独を解消しない

自立していない、他者に依存する人は、誰かと付き合えば、頻繁にメールを出し相手の居所を確かめようとします。ところが、メールの返事がすぐになかったり、電話をしてもつながらなかったりすると、たちまち不安になります。そのような人は付き合っている人を愛しているのではなく、自分の寂しさを癒やしたいだけなのです。極言すれば、寂しさをまぎらわしてくれる人であれば、相手は誰でもいいのです。

恋愛関係でなくても、いつも誰かと一緒にいたいと願ったり、人からよく思われたいと考えたりします。そのため、本当は行きたくなくても誘われたら断れません。いいたいことがあっても、いえません。他者から嫌われることを恐れ、孤立することを恐れるからです。そのような人は他者に依存し、他者の評価に一喜一憂します。

一緒にいれば有利だと考えて、人に近づくような人も、孤独を癒やしたいと思って誰かといつも一緒にいたいと思う人と同様に、他者に依存し、しかも他者を自分の手段と見ているのです。

このような人から交際を絶たれることがあっても、何とも思う必要がないということを先に見ましたが、人を手段として利用するような人は、それに気づいた相手から関係を切られることになり、やがて周囲から誰もいなくなってしまうでしょう。

孤独を感じる人が、孤独を解消するために誰かに依存してみても、「いかなる対象も私をして孤独を超えさせることはできぬ」（三木、前掲書）のです。

誰かが自分の孤独を癒やすのではありません。誰かに合わせようとするのではなく、同調圧力に屈することもなく、孤立することを恐れず、必要があればいうべきことをいわなければなりません。

例えば、職場の不正に気づいた時、他者から孤立することを恐れる人は告発せずに黙ってしまいます。そのような時、自分の置かれている状況でどうすることが本当に必要かを判断するためには知性が必要です。正しく判断するためには、孤立する覚悟も必要です。先に見たように、孤独は感情というよりは知性なのです。

三木が客観的で社会化されたものだという感情は、自分で考え判断することを困難にします。自分で考えているつもりでも、実際には自分で考えていません。他者に同調し、皆がいっていることを無批判に受け入れ、正しいかどうかを自分で判断しようとはしないのです。

間にあるものとしての孤独

三木は、「孤独は『間』にあるものとして空間の如きものである」(前掲書)といっています。

孤独は一人の人間にあるのではなく、誰かとの「間」にあるという意味です。問題は、その「誰か」をどういう人と見るかです。

依存的な人は、誰かと一緒にいる時には孤独ではないでしょうが、その人から離れるとたちまち寂しくなります。

孤独は、「大勢の人間の『間』にある」（前掲書）のでもありません。大勢の人間の「間」で孤独を感じる人は、大勢の中の一人になると誰からも注目してもらえないために孤独を感じるのです。そのような人も他者に依存しているといわなければなりません。

相手が、そして自分が依存的であれば、二人は孤独を感じないでしょうが、そのような結びつきは真の結びつきとはいえません。

三木がいうように、孤独は「間」にあるものですが、依存的な二人の間に成立するものではありません。孤独は空間における「間」のように、距離を縮めて近づけば解消するというようなものではありません。

互いが自立している関係が、真の結びつきです。そのような二人であれば、離れていても寂しく感じることはありません。知性としての孤独は、自立した人の「間」にあるのです。

人は孤独を免れることはできません。この孤独は感情としての孤独ではなく、人間存在のあり方としての孤独です。人は一人で生きていくことはできませんが、基本的には人は一人です。人は死ぬ時は一人であると繰り返して述べてきましたが、これも人間存在のあり方としての孤独です。

それでも、孤独を超えることができます。それは「愛」によるのだと三木は考えます。

「孤独は最も深い愛に根差している。そこに孤独の実在性がある」（前掲書）

孤独の根底には深い愛があります。これは他者に依存して生きている人の考える愛ではありません。自立した人同士の連帯です。その連帯する相手は、今は目の前にいないかもしれません。しかし、連帯する人の存在を知っているので、孤独を超えることができるのです。

仲間の存在に気づく

なぜ連帯する人の存在を知っているといえるのでしょうか。

何度か触れた職場の不正問題への対応を例にして、考えてみましょう。職場などの不正を告発する人がいれば、その人の力になりたいと思う人は多いでしょう。自分も力になりたいと感じるのであれば、連帯する仲間がいるに違いないと思えるはずです。このように、深い愛の根底には他者への信頼があります。

他者に依存したり同調したりしないで、自分の信念を貫こうとしたりすると、それまでまわりにいた人が去ってしまう場合があります。そうなった時に、連帯する人がいて、自分が人とのつながりの中にあると思えるようになるのは最初は難しいですが、たとえ一人になっても、孤立しているのではなく、他者とのつながりの中に自分が生きているということを知っていれば、孤独を感じることはありません。

第一章でも紹介しましたが、三木は次のようにいっています。

「すべての人間の悪は孤独であることができないところから生ずる」（前掲書）

不正に目を瞑《つむ》れば、波風は立ちません。それは違うのではないかと声を上げれば、共同体の一体感あるいは連帯感は失われるかもしれません。不正を見逃したり、不正に手を染めることを拒否したりすると、何らかの摩擦が生じます。「摩擦が起きたのはお前のせいだ」と非難されたくない人がいます。そのような人が黙ってしまうと、共同体の秩序はたしかに乱されません。上司や自分の所属する共同体の不正を自己保身に走って告発しなければ、孤独になることもないでしょう。その代わり、職場の不正も社会の悪も蔓延《はびこ》る事態に陥ります。

しかし、黙っていてはいけないのです。

「孤独の何であるかを知っている者のみが真に怒ることを知っている」（前掲書）

三木清は気分的な怒りは否定しますが、不正への怒り、自尊心を傷つけられた時の怒りは認めています。「公憤」という言葉も三木は使っています。

「正義感がつねに外に現われるのは、公の場所を求めるためである。正義感は何よりも公憤である」（「正義感について」『三木清全集』第十五巻所収）

自分を支持してくれる人、理解してくれる人は誰もいないと思った時、自分が孤立している、孤立無援と感じますが、必ず自分を支持する人がいると思える人は、そのようには感じません。

自分を支持する人がいると思えるためには、まず、他者を信頼できていなければなりません。他者が自分を隙あらば陥れようとする怖い存在ではなく、むしろ必要があれば援助してくれる存在だと思えるためには勇気が必要です。

あえて孤独を選ぶ人はいます。そのような人が孤立するかといえばそうではありません。

しかし、先にも見たように、たとえ自分が関わる相手がどういう人であるかがわからなくても、援助を必要とする人があれば事情が許す限り援助をする用意があることを知っている人であれば、自分が救いを求めた時に他者が助けてくれるだろうと信頼することができるのです。

希望は他者から与えられる

次に考えたいのは、職場の不正に声を上げる人は、なぜあえて孤立するかもしれないというリスクを冒すかということです。彼ら、彼女らは、そうすることが自分にとって「善」であると判断するのです。この善であるというのは、道徳的に正しいということではなく、「ためになる」という意味です。

職場の不正を上司に忖度して告発しない人は、告発しないことが自分にとって得であると判断するわけです。他方、たとえ人からよく思われず孤立したとしても正しいことをしなければならないと考える人は、そうすることが自分にとって得であると判断するのです。

このことを知っている人は、たとえまわりの人と考えを異にして孤独になっても耐えることができますし、理不尽や不正に遭遇した時に何をするべきかを知性で判断できるので、その場の空気に呑まれたり、自己保身に走ったりして黙ってしまうことはありません。上司から不正の隠蔽や嘘をつくことを求められたり、脅かされたりすかされたりしても決して動じることはないでしょう。

「孤独の何であるかを知っている者のみが真に怒ることを知っている」(『人生論ノート』)と三木がいう時の孤独は、この知性に属する孤独です。その怒りは先に見た正義感が外に現れた「公憤」としての怒りであり、感情を爆発させる突発的で気分的なものではなく、知的なものです。

感情的な怒りは、人と人とを引き離します。相手を圧倒するために怒りの感情を使うと、相手は恐れをなして問題行動をやめ、議論をしている時であれば、こちらの考えを受け入れてしまうか、受け入れられなくても黙ってしまうでしょう。このようにして心理的な距離ができれば、正しいことをいっても、正しければ余計に反発されることになります。怒る人は、こうして次第に孤立していきます。

他方、公憤は人と人とを結びつけます。三木は次のようにいっています。

「物が真に表現的なものとして我々に迫るのは孤独においてである。そして我々が孤独を超えることができるのはその呼び掛けに応《こた》える自己の表現活動においてのほかない。アウグスティヌスは、植物は人間から見られることを求めており、見られることがそれにとって救済であるといったが、表現することは物を救うことであり、物を救うことによって自己を救うことである」（前掲書）

人知れず咲いている花を見ると、自分に呼びかけているように思います。私ならカメラを構えたくなります。シャッターを切る時、花の呼びかけに応えているのです。ここで三木は植物と人間の話を引いていますが、物いわぬ、あるいは物のいえない人を植物に喩《たと》えているように見えます。さらにいえば、不正に怒りを感じても声を上げられない人のことを念頭に置いているように読めます。

孤独である覚悟ができた人は、そのような植物のごとき物いわぬ人に起こっている事態が、決して自分とは無関係とは思えず、代わりに声を上げなければならないと考えるでしょう。それが自分を救うことになります。真に怒る人は孤独であっても、孤立無援になることはありません。こうして、ここに孤立を経由した真の結びつきが成立します。

三木は、次のようにいっています。

「私は未来へのよき希望を失うことができなかった」（『語られざる哲学』）

希望を「失わなかった」のではなく、「失うことができなかった」のはなぜか。希望は他者から与えられるからです。

「自分の持っているものは失うことのできないものであるというのが人格主義の根本の論理である。しかしむしろその逆でなければならぬ。自分に依るのでなくどこまでも他から与えられるものである故に私はそれを失うことができないのである」

（『人生論ノート』）

孤立無援だと思っていても、誰もが他者との結びつきの中で生きているのであって、一人で生きているわけではありません。何事もなければ、そのことに気づいていないだけです。苦境にあって絶望した時、自分の味方である人の存在に気づきます。希望を他者から与えられることをこの時に知るのです。

漂泊に心を躍らせる

三木は次のようにいっています。

「人生は旅であるというあの感情も、人間存在の離心性を現わしている」

（「シェストフ的不安について」『三木清全集』第十一巻所収）

「離心性」とは聞きなれない言葉ですが、これは「エクセントリシティ」(eccentricity)という英語を三木が翻訳した言葉です。エクセントリシティは「常軌を逸していること」というようなネガティブな意味で使われることが多いですが、三木は肯定的に解釈しています。

「離心」は「中〈心〉から〈離〉れる」という意味です。エクセントリックに生きる、「中心から離れて生きる」というのは、自然に定められている中心から離れて、「人間が主体的にその存在論的中心ともいうべきものを定立しなければならぬ」(前掲論文)という意味です。中心は自然に定められているのではなく、定められていると思っていたというのが本当です。

　中心が自明のものとして与えられていると考える人は、常識的な価値観に何ら疑問を感じないでしょうし、「今の生き方でいいのか」と疑問を持つこともないでしょう。明日という日がくるのは当然であり、先の人生が見えているように思っています。

　しかし、自分が「無の上に立たされている」ことを知った人は、それまで覆われて隠されていた現実を知り、安住していた世界ではない新しい世界、先が見えない人生の中に生きなければなりません。その新しい世界に人は「異郷人」として出てきたのです。人生が旅に喩えられるのはこのためです（三木、前掲論文）。

無の上に立ち、もはや先が見えない人生に生きていることを知った時、それまで安住していた世界の中では何の不安もなく安楽に過ごせたというのに、吹き荒《すさ》ぶ嵐の中に放り出されるように、新しい世界で生きなければならなくなります。

また、多くの人は成功を目指しますが、世間的な生き方に疑問を持ち、人とは違った人生を生きる決断をします。そうなると、そのような生き方を理解できない人が去っていき孤独になるかもしれません。

しかし、これから先の人生に何が起こるかわからないという不安があっても、同時にそれは心躍る経験であるともいえます。どこに行くか、目的地が決まっていて、寄り道など許されない通勤や通学とは違って、旅に出る時に感じるような不安と期待が入り混じった気持ちになるからです。

三木は次のようにいっています。

「いったい人生において、我々は何処《どこ》へいくのであるか。我々はそれを知らない。

「人生は未知のものへの漂泊である」

（『人生論ノート』）

これから行くところがどういうところかわかっていない時の何ともいえない感情が漂泊の感情です。人生の過程で何が起こるかもわかりません。だからこそ、旅の始めにおいても、途上においても不安になるのです。

あらかじめ敷かれたレールの上を歩んでいくような人生において、夢見ることはできません。レールの上では、常識的な価値観に従って生きることが期待されます。そのように生きれば、大きな破綻なく生きられるかもしれません。多くの人が生きるのと同じように生きようと思えば、迷うこともありません。

しかし、そんな人生が生きるに値するのか、考えてみなければなりません。

第七章　孤独を克服する

「孤独の哲学」を探求してきた本書も、いよいよ最終章です。最後に、孤独を克服する術《すべ》について考えてみたいと思います。

宗教は孤独から人を救うか

まず初めに宗教が孤独を救ってくれるどうかを考えてみましょう。

プラトンの『国家』に登場するケパロスという老人が、ソクラテスに次のように語っているくだりを私は若い時はあまり注意を払うことなく読み過ごしたのですが、今は自分でも思い当たります。

「人は、やがて自分が死ななければならぬと思うようになると、以前は何でもなかったことについて、恐れたり心配になったりする。例えば、ハデス（冥界）のことについていわれている物語――この世で不正を犯した人は、あの世で罰を受けなければならないといった物語は、それまでは笑ってすませていたのに、今や本当ではないかと彼の魂を苦しめるのだ」

（『国家』）

あの世の話など作り話だ、迷信だと思っていた人が、それを本当のことかもしれないと思うようになると、宗教に関心が向かうことになります。

宗教といっても様々で一括りで論じることはできませんが、神や仏などの絶対者と人が向き合うというのではなく、孤独な人が人とのつながりを重んじる宗教に救いを求めるというケースはあります。

ここでいう孤独というのは、一人で暮らしているということではなく、家族と暮らしていても、誰からも理解してもらえない、家庭の中に居場所がないと思う人が感じる孤独です。

そのような人が自分の悩みに真摯に耳を傾け、理解してくれる相手がいると知った時、その人に依存することがあります。

宗教の場合、「一度、私たちの集まりにきませんか」と入信しそうな人を誘うのです。そして、先に入信した人が集まるところへ行くと、その宗教を信仰して救われたというような話を聞かされます。孤独な人はこうした勧誘で仲間を見出します。

宗教を勧誘する側、される側の注意点

私には父からある宗教に入信した事実を知らされた経験があります。父は定年後に勤めた会社の上司と反りが合わず、ずいぶんとつらい目に遭ったとのことでした。もちろん、父がどの宗教を信じようがそれは父が自分で決めればいいことなので、子どもが反対することはできません。

ただ一つ問題があって、父がしきりに私に入信を勧めるのです。これには閉口しました。宗教に入信するという時に何か大きな悩みを抱えていて、それが入信のきっかけとなることはあります。その悩みは多くが対人関係的なものです。

信仰がその対人関係を改善するのに役立てばいいのですが、勧誘が義務になった時、新たに対人関係上の問題が生じてしまいます。

もちろん、自分が救われたと思う人は他の人も自分と同じようになってほしいと願います。しかし、たとえ善意によるものであっても、勧誘するとそれまで仲良くしていた人との関係を悪化させる可能性があります。

ここで妙なことが起こります。勧誘して断られた時、関係が悪くなって気まずい思いをするのは本来、勧誘した人であるはずです。それなのに実際には、断った方が何か悪いことをしたような思いにさせられるのです。

そこで、知人からの勧誘に対して断りにくいという人がいます。そのような人にこそ「嫌われる勇気」を持ってほしいのです。

いつのことだったか、私がよく利用していた喫茶店で、私くらいの年輩の男性から声をかけられました。私の本の愛読者だということでした。その後も何度か話す機会がありましたが、一度その人の友人という人が同席しました。その友人は女性で歳も離れているようでした。娘さんかと思いましたが、そうではありませんでした。もちろん、その人に若い女性の友人がいてもおかしくはないのですが、どういう関係なのかとたずねたところ答えに窮し、その後二度と会う機会はありませんでした。その人が私に声をかけたのは、私を宗教に勧誘するためだったのだろうと思いました。

この人たちはもともと私の知り合いではありませんでしたが、親しくしている人から勧誘されたら断りにくいかもしれません。「絶交されたらどうしよう」とか、「近所なのに会うたびに気まずい思いをしたくない」というようなことを考えてしまうからです。

それでも、付き合いで信仰するなどということはありえません。気まずい思いをしても、それを何とかするのは勧誘した人の課題なので、勧誘された人の課題ではありません。

勧誘する側が気をつけなければならないのは、当然のことながら入信を強制はできないということです。そうすることは、不信感を招き、それまでの関係をふいにすることになります。

他人の不幸を救いたいというのは率直にいって傲慢です。人の力になりたい、そうすることで人と結びつきたいと思って、人に自分が信じる宗教を勧めるわけですが、人が自分から去っていく結果になります。できることがあるとすれば、自分が信仰によって変わったという事実を知人や友人に見てもらうことだけです。中にはあんなふうになりたいと思って、宗教についてたずねてくる人がいるかもしれません。

さらに深刻なのは、親子の間で勧誘問題が生じる時です。知人や友人から勧められたのであれば、それをきっかけに関係が悪くなったとしても、それは仕方がないと割り切れます。しかし、家族が強く入信を勧め、そのために親子関係が悪くなったとしても、縁を切るわけにはいきません。こうして、宗教が人を不幸にするのです。

とはいえ、たとえ親子であっても、勧誘を拒むことはできます。そのことで関係が悪くなったとしても、それは親が自分で納得しなければならない課題なので、子どもが親の気持ちを傷つけまいと考えて判断を誤ることがあってはなりません。もちろん、それは程度問題であって、親を拒絶するような態度に出てはいけませんが。

宗教に匹敵する「救い」

私は父の信仰や対人関係について口は挟みませんでしたが、父の話を聞くことにしました。話を聞く時に大切なのは、話を理解することが先決で賛成するかしないかではないということです。相手の話が理解すらできない時もありますが、少なくとも理解しようと努めなければなりません。親が宗教に入信したというような事態は、多くの子どもにとっては青天の霹靂《へきれき》であり、到底理解できないかもしれませんが、端《はな》から否定してしまうと親はいよいよ頑なになって、子どもの話に耳を傾けようとはしなくなります。

父は定年後に一人暮らしをしている時、音楽会に行ったり美術館に行ったりするなど満喫しているようでしたが、先に書いたように、職場での上司との関係がよくなかった時にその悩みを聞いてくれたのが、宗教に入信するよう父を勧誘した人たちだったのでしょう。

もしも父の話を私が聞けば、今は宗教にのめり込んでいても、やがて変化があるかもしれないと思いました。

ある時、父から電話がありました。「お前のやっているカウンセリングを受けたい」というのです。親子の場合、利害関係があるので、冷静に話を聞けないことがあります。私が助言したところで、それを素直に受け止めてもらえないのではないかという危惧がありました。そのため、私は父の申し出を受けていいものか少しためらいました。しかし、父が話をしたいといっているのに、それを断る理由はありませんでした。

そこで、月に一度ほど父に会って、食事をしながら話を聞きました。後に、父は認知症を患ったので、この時にゆっくりと話をしておけたのは貴重な機会になりました。

私が驚いたのは、認知症が高じると、父が宗教を通じて知り合った人たちのことや、それどころか熱心に布教活動をしていた宗教についてまで、すっかり忘れてしまったことでした。

認知症になった父はよく「怖い」といっていました。死を予感していたのでしょう。私はこんな時にこそ、宗教は人を救うのではないかと思いましたが、あれほど熱心に信心していたはずの宗教は、父にとって少しの力にもならなかったように見えました。

それでは、私が不安に慄《おのの》く父の力になれたかというと、内心忸怩《じくじ》たるものがありますが、ある日父がいってくれた言葉が私の力になりました。

私は毎日父の家に通っていたのですが、食事以外の時は眠ってばかりいるようになりました。そうなると、私は父のそばにいてもほとんどできることがなくなってしまいました。

そこで、私はある日、父にこういったのです。「そんなに寝てばかりだったらこなくてもいいね」と。実際には父が寝ていてもしなければならないことはたくさんあったのですが、父は私の言葉に真顔で答えました。

「私はお前がきてくれているから、安心して眠れるのだ」

人が宗教によって救われることを私は否定するつもりはありませんが、宗教に入信しなくても、誰かとの関係が、そしてその人が何かをしなくても、存在するだけで宗教に匹敵するほどの救済の力になります。

人からどう思われるかを気にかけない

ドイツの詩人であるリルケは、自作の詩を送ってきた若い詩人カプスに、今後批評を求めるようなことは一切やめるようにといい、夜のもっとも静かな時間に「私は書かずにはいられないのか」と自分にたずねるよう助言しています (Rilke, Der Brief an Franz Xaver Kappus, Paris am 17. Februar 1903)。

そして、「私は書かずにはいられないのか」と問うてみて「書かずにはいられない」と答えられるのであれば、「この必然性に従ってあなたの生活を建てなさい」といっています。

ここでリルケがいう「書かずにはいられない」は、ドイツ語では 'Ich muß schreiben' です。これは「私は書かなければならない」とも訳せますが、義務感で書くということではなく、内面的な促しに従って書くということです。

しかし、リルケは、詩を出版社に送り、自分の詩を他人の詩と比べたり、編集者に詩が拒絶されると不安になったりするような行動を一切やめるようにとカプスに助言します。

詩を内面的な促しや「必然性」に従って書くのであれば、つまり「書かずにはいられない」のであれば、人から認められるかどうかはどうでもよくなります。そのように思える人は自分を信頼しているので、他者からの評価に一喜一憂することはありません。

第三章でも触れましたが、アドラーが次のようにいっています。

「認められようとする努力が優勢となるや否や、精神生活の中で緊張が高まる」
（『性格の心理学』）

なぜ、緊張するのか。

「常に、〔人に〕どんな印象を与えるか、他の人が自分についてどう考えるかという問いにかかずらうことになるからである」
（前掲書）

人から認められようとする人は他者と競って勝とうとしますが、ありのままの自分ではなく、人から認められるような自分に現実の自分を合わせようとするので、現実との接点を見失うのです。

大学入試で小論文を書くことがあります。採点者から高い評価を得なければ合格できないので、高得点を取れそうな内容の論文を書く受験生がいます。私が大学などで教えていた時も同様に、記述式の試験では優秀な学生は皆同じようなソツのない内容を書いてきます。たしかに得点は高くなりますが、「なぜ自分の頭で考えようとしないのか」と残念に思ってしまいます。

そんな中、非常にユニークな答案に出会い、独創性があるという理由で高い点数をつけたことがあります。その学生はあまり熱心に講義を聞いていなかったかもしれないけれども、出題者の意図を読むなどという姑息《こそく》なことを考えないところに好感が持てました。

書きたいことを書く、やりたいことをやる

「行動の自由は、そのことによって、著しく妨げられることになる。そして、最も

頻繁に現れる性格特徴があらわになる。虚栄心である」（前掲書）

自分をよく見せることで他者から認められる努力をすると、いいたいことがいえず、したいことができなくなるという意味です。人から認められるかどうかは結果でしかありません。

リルケは次のようにいいます。

「内部へ転向し、自分の世界に沈潜することから、詩が生まれてくるならば、あなたは、それがよい詩かどうかと誰かにたずねようとは考えないだろう」（前掲書簡）

書きたいものを書く。ただ、それだけです。

今の時代であれば、リルケは、文章や写真をSNSに投稿する人に対し、「『いいね』をどれだけもらえるかを競うのをやめよ」というでしょう。

多くの人は、子どもの頃からほめられて育っています。その弊害の一つは、ほめられなければ、あるいは人から認められなければ、自分のしていることの価値がわからなくなるということです。

人から認められるようなことをしていれば、人がたくさん集まるかもしれませんが、人から認められるような条件を欠いてしまうと、あっという間に自分のまわりから人がいなくなってしまうでしょう。

人から認められることはなくても、少なくとも皆と同じように考え行動している限り、孤独になることはないと考える人がいます。しかし、まわりにどれほどたくさんの人がいたとしても、そのような人はいよいよ孤独感が増すといわなければなりません。

人からどう思われるかということを気にかけないで、自分が書きたいことを書いていれば、そしてやりたいことをやっていれば、自分の好みではないからと離れていく人はきっといるでしょう。しかし、自分は他の人の期待を満たすために生きているわけではないということを知っている人であれば、孤独になったとしてもびくともしないでしょう。

信じてくれる人の存在

誰にも理解してもらえないという意味での孤独を克服するためには、自分を信頼してくれる人の存在が大きな力になります。

小説家のスティーヴン・キングは、教師勤めをしながら、ひたすら小説を書き続けていた時期がありました。妻のタビーが小説を書くのに費やす時間が無駄であるといっていたら、心が折れただろうとキングはいっています。実際には、妻はただの一度も懐疑的な言葉を口にせず、当然のことのように絶え間なく彼を励ましました。

「書くことは孤独な作業だ。信じてくれる人がいるといないとでは大違いである。言葉にする必要はない。大抵、信じているだけで十分だ」

(Stephen King, *On Writing*)

書くことはキングがいうように孤独な作業です。誰かが代わりに書いてくれるということはないからです。

今日締め切りの原稿を「朝飯前に」書き上げたと、いかに自分に文才があり、次から次へと言葉が溢れ出てくるといわんばかりに自慢する(しているように見える)人がいますが、私にとって書くことはキングがいうように孤独な作業であり、第三章で見た森有正がいっているように辛抱のいることなので、いつも呻吟《しんぎん》しながら原稿を書いています。

生きることも同じです。誰も自分の人生を代わりに生きてくれません。それでも、信じてくれる人がいることは励みになります。キングは妻に認められたかったのではありません。妻は、たとえ小説が売れなくても、「書くのはもうやめた」といったとしても、これまでの努力は一体何だったのかというような台詞《せりふ》はいわなかったでしょう。

先に引いた「信じてくれる人がいる」と私が訳したキングの言葉の原文は、'Having someone who believes in you'（あなたを信じる誰かを持つこと）です。もしもキングが「これまで頑張ったけれども、小説はもう書かない」といったとしても、妻はそれを聞いて「大作家になると信じていたのに、裏切られた」というような言葉はいわなかっただろうと私は想像します。妻が信じていたのは書くという行為ではなく、「あなた」だからです。

私にも同じ経験があります。高校生の頃、大学で哲学を学ぶといったら父が反対しました。父は自分では私に何もいわず、母に反対させようとしました。ところが、母は父にこういいました。

「あの子のすることは、すべて正しい。だから、私たちは見守りましょうよ」

父が反対しても、私は自分の意志を変えることはなかったと思いますが、母の私に対する信頼はありがたかったです。母のような人がいたからこそ、自分が他の人と違った人生を生きることになっても、迷いはなかったのです。

このように、信じてくれる人は、人生や存在を受け入れますが、行為の次元でははっきりと異を唱えることがあります。

キングの妻タビーは合理的な最初の読者としてキングを支えました。評価が分かれた本に妻が理解を示したことで、どれほど意を強くしたかわからないとキングはいっていますが、気に入らないものについては、一切の容赦はなく、一刀両断だったともいっています（前掲書）。

存在のレベルで信頼してくれる人であれば、どのような批評をされても受け入れることができます。私の場合、編集者とは大抵信頼関係にあるので、私が書いたものについて何をいわれても受け入れることができますが、匿名の校閲者によるコメントは一つ一つが私を苛立たせます。ネットに書き込まれる知らない人のコメントと同じように感じてしまいます。

人として信頼されているのを知っていればこそ、個々の行為について何かいわれることがあっても素直に受け入れられるのです。

自信を持つということ

自分の価値を自分では認められない人は、他者からの評価に一喜一憂します。よい評価を得られたら舞い上がる。けれども、逆のケースでは落ち込んでしまう。そういった繰り返しです。そのような人は大抵自信がなく、劣等感を持っています。

しかし、他の人と自分を比べる必要などありません。もしも他の人よりも高い評価を得たいのであれば、そのために必要な努力をすればいいはずです。

ところが、努力をせずに、自分よりも高い評価を受ける人に対して、嫉妬するということがよく見られます。

三木清は嫉妬心について、次のようにいっています。

「嫉妬心をなくするために、自信を持てといわれる。だが自信は如何《いか》にして生ずるのであるか。自分で物を作ることによって。嫉妬からは何物も作られない。人間は物を作ることによって自己を作り、かくて個性になる」　（『人生論ノート』）

三木によると、「自分で物を作ることによって」自信が生じ、「人間は物を作ることによって自己を作り、かくて個性になる」のです。

「嫉妬からは何物も作られない」（前掲書）

自分でも物を作ればいいのです。嫉妬する人は何物も作ろうとはしません。それは、自信がないからではありません。実際に何かを作っても、誰からも評価されない事態を恐れる。だから、作らないのです。作らなければ評価されません。作らないためには、自信があってはいけないのです。

自分が作ったものは、他者が作ったものと比較はできません。誰かの作ったものを模倣してまったく同じものを作れたとしても、それはその真似た相手の作品であって自分の作品ではありません。稚拙であるという評価は他者と比べての評価ですからあまり意味がありませんし、実際稚拙だと思うのなら、次は切磋琢磨《せっさたくま》してよりよいものを作る努力をすればいいだけです。

そう思えるようになれば、「他の誰かが作ったものの方が優れている」というような嫉妬心がなくなります。先に見たリルケのように、「書かずにはいられない」と思って書いた詩が誰からも評価されなくても、まったく問題なくなります。

自分が望む評価を他者から得られなかったという結果を残念に思う人は、適切な評価をしなかった人に対して憎しみを覚えるかもしれませんし、自分よりも優れた物を作ったとされる人に対して嫉妬心を持つかもしれません。そのような人はもはや何も作ろうとしないかもしれませんし、自分が評価されないことで、孤独を感じるかもしれません。

経験を重ねて「譲れぬ自分」を持つ

自分が孤独であると感じている人は、自分が置かれている対人関係が不動のものであると見なしています。自分を不当に評価し自分を仲間から外そうとする人に近づく必要はないと私は考えていますが、対人関係について基本的なことを考えておきましょう。

三木がいう「物を作る」というのは、文字通りの意味である必要はありません。

「人間は環境を形成することによって自己を形成してゆく、——これが我々の生活の根本的な形式である。我々の行為はすべて形成作用の意味をもっている。形成するとは物を作ることであり、物を作るとは物に形を与えること、その形を変えて新しい形のものにすることである」（『哲学入門』）

ここでは環境の形成が「物を作る」こととされています。環境を形成するというのは、環境に働きかけるということです。環境というのは、自然だけではありません。対人関係も環境です。対人関係に働きかけることが自己を形成することになるとは、どういう意味なのでしょうか。

三木が「人間は環境に働き掛けることにおいて同時に環境から働き掛けられるという関係が存在する」（『哲学ノート』）といっているように、この働きかけは一方的なものではありません。

何かしてほしいことがあれば黙っていないで、主張しなければなりません。最初はどうやっていいかわからないので、大きな声で命令をします。そのような働きかけ方では拒絶されてしまいます。この時、感情的なやり方で相手に言うことを聞かせた経験をした人は、このやり方で相手を自分の思い通りに動かせるのだと間違った理解をしてしまうかもしれません。

多くの場合、働きかけても必ず受け入れられるわけではありません。そこで「どうすれば自分の主張を受け入れてもらえるか」を考え始めるのです。また「他の人は必ずしも自分の期待を満たしてくれるわけではない」ということも学びます。

他者から望む評価をもらえないという経験をするかもしれません。不当な評価をされることもあるでしょう。それでも、他者から認められたいと考えて、自分を他者に合わせようとする人もいるでしょう。しかし、自分がいいたいことをいわず、したいこともしないで他者に合わせてばかりし続けていると、ついには信頼を失ってしまいます。自分の考えを持たない人だと見なされるからです。

このような経験を重ねる中で、人は「自己を形成」していくのです。

「このように環境から働き掛けられながら同時に自己を失うことなくどこまでも独立な、自律的な、自己集中的なものであるという関係が存在しなければならぬ」

（前掲書）

「独立の個体」（前掲書）、「個性」（『人生論ノート』）であるためには、誰に何をいわれても、譲れぬ自分を持たなければなりません。他者に働きかけ、その他者から働きかけられる。他者から働きかけられた時に、その他者の主張が正当であるならば、自分の主張を撤回しなければならないことは当然あります。しかし、いつも譲ってばかりいれば、個性を失ってしまいます。

他者からのどんな働きかけにも動じないで変わらない自分であることも、他者からの働きかけによって自己を形成することであり、その過程で「個性」や「自信」も生まれてくるのです。

自信を持てるようになった人は、他人からよく思われるかどうかを気にかけないで、その時一番必要なことをいい、また行うことができます。孤独になることも恐れません。なぜなら、自分の言動の正しさに自信があるので、必ず自分を支持する人はいる、その意味で決して孤立しないことを知っているからです。

声を上げなければ始まらない

人が必ず複数の共同体に所属しているということも、いつも考えに入れておく必要があるでしょう。

複数の人からなる共同体に所属するという場合、例えば会社に入るという場合には、たしかに時間的には後からその共同体に入っていくわけですが、入社すればもはや自分が入社する以前の共同体は存在しないのです。

いつか私の子どもが幼い時に「僕が生まれる前、寂しくなかった？」とたずねてきたことがあって驚いた経験を、第二章で紹介しました。子どもが生まれ三人で暮らし始めてからは、夫婦二人の共同体はなくなってしまったのです。

共同体の最小の単位は「私」と「あなた」です。この二人から成る共同体はもともとなかったので、既にあった共同体に後から入るということはありません。最初から二人が共同体を作っていくのであり、二人の関係にその後何か問題が起これば、二人で変えていくことができます。会社などであれば、何か問題があってもどうすることもできないと諦めてしまう人がいますが、二人の関係は二人で作っていくことができます。改善すべきところがあれば、すぐに相手に働きかけられます。

多くの人から成る共同体については、このように考えるのは難しいかもしれませんが、大きな共同体であっても、基本的には二人の共同体と同じです。何か問題があれば、手を拱《こまね》いて何もしないのではなく、働きかけていけばいいのです。自分が入社すれば、その瞬間から共同体は変わり始めるのです。そして、その変化に自分も関与できるということです。

もちろん、その所属の仕方は人によって様々です。受動的に所属し、共同体の中で自分の存在を強く主張しない人もいるでしょう。しかし、そのような所属の仕方が唯一のものではないことを知っておく必要があります。入社したばかりの若い人であっても、自分の考えをきちんと主張してもいいのです。いや、主張しなければなりません。

個人間の対人関係でも、自分の思いが相手に理解されていないと思う人は、往々にしてそれを相手に伝えていません。大きな組織の中では、最初から主張しても通じるはずがないと思い込んでいる人も多いかもしれません。しかし、まず誰かが声を上げなければ組織のあり方が変わるはずもありません。

何もいわないのに、誰からも理解されないと思って悩んでも仕方ありません。たとえ何か問題があると思っていても声を上げなければ孤独にはならないでしょうが、声を上げれば必ず自分を支持する人がいることがわかります。声を上げる人は少数派かもしれませんが、孤立無援ではありません。自分を支持する人との連帯が共同体のあり方を変えていくことができます。

感謝されずとも、自分を意味ある存在と思う

「自分が他者にとって意味のある存在になれない」と思うことがあります。これほど頑張っているのに、その努力を認めてもらえないような時です。

哲学者の鷲田清一が、阪神・淡路大震災の時に、ボランティアとして遠くの体育館へ毎日出かけていた女性の話を紹介しています（『じぶん・この不思議な存在』）。その人は家で療養している姑の看病をしていました。看病をほっぽり出してボランティアに出かけるのはおかしいという批判をする人がいたということですが、看病とボランティア活動ではどこが違うのか、鷲田は次のようにいっています。

「彼女が姑の世話をしていてしんどいのは、それがやってあたりまえのことだからだ。それも家族の一員として。この〈わたし〉が求められているのかどうか、それが同じつらい作業を実際より軽くも重くもする。被災地でのボランティアでは、じ

ぶんはたとえ無名のひとりではあっても、だれかある他者に対して意味のある場所に立つことができる」

（前掲書）

もちろん、「やってあたりまえ」のことはありません。しかし、看病や介護は他ならぬこの〈わたし〉が求められていないので「つらい」作業だと思ってしまうのです。家族や親戚から親の世話をするのは当たり前のことだと思われ、当然、それに対してしかるべき報酬はありません。その上、親にまでも感謝されないとなると、自分のしていることに意味があるのかと思ってしまいます。

なぜボランティアであれば、「だれかある他者に対して意味のある場所に立つことができる」のか。鷲田は次のように説明します。

「助かった、とひとこと言ってもらえる。もっといてほしい、とじぶんの存在が求められる」

（前掲書）

たしかに、そういってもらえたら嬉しいでしょう。だから、私は誰かに助けてもらった時などには、努めて「ありがとう」といっています。特別の時でなくても、買い物をしてお金を払う時も、当然「ありがとう」というでしょう。「仕事なのだから、いう必要はない」と考える人は少ないでしょう。

私は長年看護学校や看護大学で教えてきましたが、「他にも仕事は多々あるのに、人の命を預かる看護師になぜなろうと思ったのか」とたずねたことがあります。すると、患者や家族から「ありがとう」といってほしいからという答えが返ってくることがしばしばありました。

ところが、病院に就職が決まってもＩＣＵ（集中治療室）や手術室に配属されると、患者から「ありがとう」といってもらえないケースがあります。重体の患者は自分では意思疎通できないからです。

私は冠動脈のバイパス手術を受けたことがあります。手術室に入って「動脈ライン確保」という医師の言葉を聞いた途端、麻酔のため意識を失ってしまいました。気がついたら手術は終わっていました。私は後日歩けるようになってから、手術室まで看護師さんらにお礼をいいに行きましたが、このようなことは普通しないでしょう。

患者や家族から「ありがとう」といってほしいと願って看護師になった人が、思い描いていたようなことが起こらず、仕事への意欲を失ったという相談を受けたこともよくありました。

しかし、感謝してもらえなければ、「意味のある場所」に立てないのでしょうか。そのように考えたら、看病も介護もつらいものになります。親が子どもに感謝の気持ちを持っていたとしても、言葉を発せない状態や、認知症のために誰に介護されているかもわからない状態にあるかもしれないからです。

先に触れたように、私は認知症の父の介護をしました。父が今し方のことも覚えていられないことがわかった時には、その事実を受け入れるのは容易ではありませんでした。すぐに忘れるのが病気だと思っても、父に食事を出してもそれをすぐに忘れてしまうといった徒労感があったからです。

しかし、父が私がしたことを覚えていて、しかもそのことに感謝しなければ報われた気がしないというのはおかしいのです。幼い子どもと関わったことがあればわかると思うのですが、子どもたちも親がしてくれたことを何もかも覚えているわけではありません。自分のことを振り返っても、子どもの頃に親からしてもらったことを何もかも覚えているわけではありません。ほとんど何も覚えていないといっていいくらいです。

それでも、子どもから感謝されることがなくても、子どもと一緒に過ごせることは楽しかったのではないでしょうか。親の介護も同じように考えていけない理由はありません。たとえ感謝されなくても、今し方のことをすぐに忘れてしまっても、親と子どもとが共に過ごせることだけで意味があるのです。

自分の価値は親からの承認を俟《ま》たずに、自分で認められなければなりません。これができるようになれば、家族の中で自分だけが孤立していると思わなくてもすみます。

自分の中へ引きこもる

ローマ皇帝のマルクス・アウレリウスは次のようにいっています。

「人は引きこもる場所を田舎や海辺、また山に求める。お前もそのような場所を求めてきた。しかし、望む時に、自分の中に引きこもれるのだから、こうしたことはこの上なく愚かなことだ。というのは、自分自身の魂の中よりも静謐《せいひつ》で煩わしいものの少ない場所はないからだ。とりわけ、自分の内部をじっと覗き込むことで直ちにくつろげるようなものを持っている人はそうである。私がいうくつろぎというのは、よき秩序のことだ。それゆえ、絶えず、自分自身にこの引きこもりの場を与えよ。そして、お前を新しくせよ」

（『自省録』）

アウレリウスは、ひたすら自分の内面を見つめ、戒め、己を律する言葉を綴《つづ》った手記を残しました。自分自身に対して「お前」と呼びかけているのです。

人との関わりに疲れ、傷ついても、どこかに出かけなくても、自分自身の中に引きこもれば、心の平安を得ることができます。

「お前の内を掘れ。掘り続ければ、そこには常に迸《ほとば》しり出ることができる善の泉がある」

（前掲書）

人の集まりに呼ばれなかったり、正しい主張をしたために孤立したりするようなことがあっても、不幸になるわけではありません。他の人と違うことを恐れず、本当にしなければならないことを為《な》しうるためには、世間の常識や他の人の思わくに煩わされずに、何が善であり幸福であるかを知的に探求し、自分の内に「善の泉」を掘り当てなければなりません。

これが孤独になるということであり、三木の言葉を使えば、知性に属する孤独です。この孤独を知っている人は、人の中に生き、その人との関係で何があっても心穏やかでいることができます。

アウレリウスにとって、十八歳で次期皇帝に指名されてからの人生は不本意なものでした。皇帝の地位も、宮廷での華やかな暮らしも望んでいなかったのです。彼が求めていたのは、少年時代から深く傾倒していた哲学でした。

「もしもお前に義母と生母が共にいるならば、義母に仕えながら、それでも生母の元に絶え間なく帰り行くことになるだろう。それが今のお前には宮廷と哲学である。哲学にしばしば戻っていき、そこに身を寄せ、休息せよ。それによって、宮廷でのこともお前に我慢できるものに思われ、お前もその中にあって我慢できる者に（他の人に）見えるのだ」（前掲書）

アウレリウスは、自らの内に引きこもれといっていますが、孤立することがいいといっているわけではありません。実際、彼は哲学者として生きたいと思っても、皇帝としても生きなければなりませんでした。

日々仕事に明けくれているばかりでは、自分を見失うことになります。どれほど過酷な状況でつらい仕事、不本意な仕事をしていても、支えとなるものが心の内にあれば、心の平静を取り戻すことができます。

これは「我慢すればいい」、あるいは「心の持ちようで何とかなる」という意味ではありません。社会の不正、理不尽には公憤としての怒りを持たなければならないことは先にも書きました。世間的な価値観に疑問を持っている人、他者からの不当な仕打ちに心傷つけられた人にとって必要なことは、手を拱いて何もしないのではなく、自分に何ができるかを考えることです。

仏教でいう「分別」から考える

その際、自分が決して一人ではなく、他者とのつながりの中に生きている事実を知ることが出発点です。

アウレリウスは、次のようにいっています。

「枝は隣の枝から切り離されたら、木全体からも切り離されないわけにはいかない。まさにそのように、人間も一人の人間から引き離されたら、共同体全体から離脱することになる」（前掲書）

「共同体」というのは、人とのつながりという意味です。続けて、次のようにいっています。

「ところで、枝は（枝とは）別の者が切り離すが、人間は隣人を憎み背を向けることで、自分で自分を隣人から分離する。しかし、同時に共同体からも自分を切り離してしまうことになるのを知らない」（前掲書）

たった一人の前にいる相手に憎しみを持つだけでも、人とのつながりから自分を切り離してしまうことになるというのです。憎むところまでいかなくても、誰かしらを嫌いだと思う人はいるでしょう。

ある日、病院で診察の順番を待っていたら、待合室に大きな声が響きました。一人の女性が高齢の親を怒鳴りつけていたのです。車椅子に乗っていた親は言い返すことなく、ひたすら子どもの暴言に耐えているように見えました。

この女性は親を憎み、アウレリウスの言葉を使うと、親を自分から分離しようとしたのであり、仏教の言葉を使うならば親を「分別《ふんべつ》」しようとしていたのです。

私は、この二人を見て、自分が父親の介護をしていた時、何度も受診した経験を思い出しました。私も父を車椅子にすわらせ、長い時間、診察の順番が回ってくるのを待ちました。ところが、もうすぐ診察室に呼ばれる直前になって、父がトイレに行きたいと言い出して困ったことが度々ありました。

しかし、と私は思いました。そんな時でも私は怒鳴ったりしなかった、と。そう思った時、私は「自分は正しい」と思い、親にひどい言葉を投げかけた女性は間違っていると思ったのです。その時、私は自分とその女性を分別したのです。

ところが、同じ状況に置かれた時、親に暴言を決して吐かないと断言できる人がいるでしょうか。激しい言葉を投げかけなくても、親に苛立ちを感じない人はいるでしょうか。

善悪を超えて受け入れる

人を殺める事件があれば、私はあのような極悪非道な振る舞いは決してしないと思い、犯人に憤《あや》りを覚えます。しかし、同じ状況に置かれた時に、自分はそんなことはしないと言い切れるでしょうか。

あらゆる争いは、自分と他者を分別することに起因します。分別しないためにできることは、親子関係についていえば、子どもの姿が親の理想とは違っていても、問題行動を繰り返す悪い子どもであっても、善悪を超えて子どもを受け入れなければなりません。自分も同じ状況に置かれた時に、親に暴言を吐くかもしれない、人を殺めることがあるかもしれないと考えることも必要です。このことに思い至れば、自分を安全圏に置いて、人を非難することがなくなります。

さらに、相手が問題を起こした時、そのきっかけを自分が作ったのではないかと顧みなければなりません。子どもが急に問題行動を始めるわけではありません。長い間、「親の期待に添うよい子であれ」という圧力をかけたことが、子どもを追い詰め、反抗を招いたのかもしれません。

「子どもが悪いのだ」と断罪している間は、関係修復の手がかりを得ることはできません。子どもに理想を押しつけないとか、子どもの課題に口出しをしないとか、自分にも取り組める課題があるとわかった時、関係は変わり始めます。

子どもとて、親が憎いわけではありません。親から懸命に自立しようとしても、「親は自分を理解してくれない」と思うと孤独になります。子どもに背かれた親も孤独になります。留意しなければならないのは、何の葛藤もなく自分たちはいい親子だと思っていると、かえってよい関係を築けない場合があるということです。本当にいいたいことを、いえていないかもしれないからです。

考えを異にする相手と結びつく

親子関係だけではありません。他の対人関係においても、人と人との結びつきは自動的に成立しません。どんなに親しい友人であっても、終始仲がよかったわけではないでしょう。その時々で距離は変わっていきます。

密に会ったり連絡を取り合ったりしていた時期もあれば、しばらく、あるいは長い間疎遠になる時期もあります。しかし、コロナ禍のような状況でなかなか会えなくなっても、親友であれば関係は簡単には切れないものです。

他の人から、付き合う相手として選ばれなかったとしても、それによって感じる孤独など取るに足らないものです。なぜなら、その人は「付き合うのが有利かそうでないか」という基準からしか人を見ないことがわかったわけですから。

しかし、この場合も、自分自身は「有利かそうでないか」という基準で対人関係を選んだ経験はこれまで一度もなかったか、これからも決してしないかといえば、断言できないでしょう。

そうであれば、自分から離れていった人であっても、分別してはいけないのです。自分と敵対するように見える人と結びついていると感じるのは容易ではありませんが、総じていえば、他者を分別しようとする人も、人とのつながりを求めていないわけではないのです。ただ、人とつながるための適切な方法を知らないのです。そのように理解すれば、他者を分別する人も、アドラーのいう「仲間」（Mitmenschen）です。そのような人ともつながっている、結びついているという意味です。

ここに他者から離れていることを孤独に感じ、自分を捨てて他者に合わせて生きていた人がいるとします。そのような人が、たとえ孤立しても人と違うことを恐れず生きる段階を経て、自分と考えを異にする相手とも結びついていると思えるまでの道のりは遠いかもしれません。しかし、「孤独の哲学」を知っているのと知っていないのとでは、大きな違いがあるでしょう。

おわりに——他者をどれだけ信じられるか

母が脳梗塞で入院した時のことです。当時、妹は結婚して家を出ていたので、私と父がもっぱら交互に母の看病をすることになりました。予後がよくなくて、初めに入院していた病院から脳神経外科のある病院に移ると、病院まで行くのに二時間ほどかかるようになりました。父と私のどちらかが必ず母に付き添っていなければならなかったので、二人が同時に家にいることができなくなりました。

私は深夜も母に付き添っていたので、家に帰れるのは週末だけでしたが、家に一人でいると、ついこの間までは家族四人で暮らしていたのに、あの団欒《だんらん》のひと時を共に過ごした皆は一体どこへ行ってしまったのかと、皆が散り散りになったような気がして、ひどく寂しく感じました。

結局、母は三ヵ月の闘病後、亡くなりました。四十九歳でした。母と私は誕生日が同じだったので、その後は私だけが歳を重ねることになりました。五十歳になった私はこれからは母の知らない歳を生きることになると思いましたが、本文に書いたように、今度は私が心筋梗塞で倒れました。これでは母より長生きしたとはいえない、人はこんなふうに死んでいくのか、死ぬのはなんと寂しいものなのかと思いました。

「孤独」をテーマにした本の執筆依頼があった時、最初に頭に浮かんだのは私のこの経験でした。

孤独については古来多くの思想家が論じてきていますが、本書で私が目指したのは、誰がどんなことを論じているかを紹介することではありません。

誰もがいつ何時感染するかわからないという未曽有のコロナ禍の中で、病気や死について考えた人は多いのではないでしょうか。本書で私は人間が人間として生きる限り、いずれは向き合わないといけない、いわば実存的な孤独と、大きく生活のあり方を変えることを余儀なくされた状況の中で顕在化した対人関係における孤独について考察しました。

その際、どうすれば孤独を克服できるかまで含め、できるだけ具体的に論じましたが、こんな場合はこうすればいいというノウハウを知るだけでは、十分ではありません。なぜこうすることが問題の解決になるかを原則的に理解しなければ、何か解決を要する問題が起きた時に応用が利かないからです。

対人関係について、また、病気や老い、死について、一般的な、あるいは普遍的にではなく、他ならぬこの「私」がどうそれらに向き合うかを知ることも必要です。それを教えるのは哲学なので、もっぱら哲学の視点から考察しました。

しかし、哲学ではこう考えるという話に終始したわけではなく、私自身の経験を通して長年考え抜いたことを書きました。なかんずく子育て、親の看病、介護はやむをえぬ事情からでも、強いられたわけでもなく、自分で選んでしてきたことですが、社会から隔絶して生きているように感じたこともありました。そんな時、どう考えることができるか、同じ境遇の人に参考になればと思います。

私は研究者として生きるつもりだったのですが、特異な人生を送ることになりました。そのことを受け入れられない時もありましたが、結局のところ、他者からの評価や成功などとは関係なく、自分の人生を生きなければ意味がないことに思い至りました。

とはいえ、人は他者とのつながりの中に生きているのであって、一人で生きているわけではありません。対人関係の問題はもとより、病気や死などの実存的な問題も、他者のことを考えなければなりません。孤独の問題——実存的な孤独であれ、対人関係の中での孤独であれ——で要となるのは、他者をどれだけ信じられるかです。

人によく思われないかを気にするあまり、いうべきことをいえないような人は、常に自分を支持する人がどこかにいることを知らなければなりません。死ねば誰からも忘れられてしまうのではないかと恐れる人は、自分が死んだ人のことを忘れないように、他の人も自分を忘れはしないだろうという信頼感を持つことが必要です。

本書がたとえ苦しみの最中《さなか》にあっても、その苦しみを通して生きる勇気を持つことの助けになれたら嬉しいです。

『人生を変える勇気』『アドラーをじっくり読む』に続いて本書を編集してくださった黒田剛史さんには、今回もお世話になりました。折に触れて、目下世の中でどんな問題が起きているかを教えてもらったことが、原稿執筆の際に刺激となりました。ありがとうございました。

二〇二二年三月

岸見一郎

参考文献

Alter, Cathy. 'How my father and son's pen-pal relationship became a lifeline for us all'. *The Washington Post*, April 20, 2020.

Antonius, Marcus Aurelius. *Ad Se Ipsum Libri XII*, Dalfen, Joachim. ed., BSB B. G. Teubner Verlagsgesellschaft, 1987.

Burnet, J. ed. *Platonis Opera*. 5 vols., Oxford University Press, 1899-1906.

King, Stephen. *On Writing: A Memoir of the Craft*, Scribner, 2000.

Pascal, Blaise. Pensées, Librairie Larousse, 1965.

Rilke, Rainer Maria. *Briefe an einen jungen Dichter*, Insel Verlag, 1975.

アドラー『生きる意味を求めて』岸見一郎訳、アルテ、二〇〇八年

アドラー『性格の心理学』岸見一郎訳、アルテ、二〇〇九年

アドラー『子どもの教育』岸見一郎訳、アルテ、二〇一四年

落合恵子『母に歌う子守唄』朝日新聞社、二〇〇七年

加藤周一『小さな花』かもがわ出版、二〇〇三年

岸見一郎、古賀史健『嫌われる勇気』ダイヤモンド社、二〇一三年
岸見一郎『三木清『人生論ノート』を読む』白澤社、二〇一六年
岸見一郎『希望について　続・三木清『人生論ノート』を読む』白澤社、二〇一七年
岸見一郎『マルクス・アウレリウス「自省録」』NHK出版、二〇一九年
岸見一郎『老後に備えない生き方』KADOKAWA、二〇二〇年
岸見一郎『三木清　人生論ノート』NHK出版、二〇二一年
岸見一郎『不安の哲学』祥伝社、二〇二一年
岸見一郎『怒る勇気』河出書房新社、二〇二一年
清水幾太郎『流言蜚語』筑摩書房、二〇一一年
須賀敦子『本に読まれて』中央公論新社、二〇〇一年
田中美知太郎『田中美知太郎全集』第十四巻、筑摩書房、一九七一年
仲宗根政善『ひめゆりの塔をめぐる人々の手記』角川学芸出版、一九九五年
三木清『哲学入門』岩波書店、一九四〇年
三木清『人生論ノート』新潮社、一九五四年
三木清「シェストフ的不安について」(『三木清全集』第十一巻、岩波書店、一九六七年所収)
三木清「時局と学生」「正義感について」(『三木清全集』第十五巻、岩波書店、一九六七年所収)
三木清「清水幾太郎著『流言蜚語』」(『三木清全集』第十七巻、岩波書店、一九六八年所収)
三木清『哲学ノート』中央公論新社、二〇一〇年

参考文献

三木清『語られざる哲学』（『人生論ノート　他二篇』KADOKAWA、二〇一七年所収）

森有正『流れのほとりにて』（『森有正全集1』筑摩書房、一九七八年所収）

森有正『砂漠に向かって』（『森有正全集2』筑摩書房、一九七八年所収）

鷲田清一『じぶん・この不思議な存在』講談社、一九九六年

和辻哲郎『妻　和辻照への手紙（上）』講談社、一九七七年

和辻哲郎『妻　和辻照への手紙（下）』講談社、一九七七年

和辻照『夫　和辻哲郎への手紙』講談社、一九七七年

ラクレとは…la clef=フランス語で「鍵」の意味です。
情報が氾濫するいま、時代を読み解き指針を示す
「知識の鍵」を提供します。

中公新書ラクレ
762

孤独《こどく》の哲学《てつがく》

「生《い》きる勇気《ゆうき》」を持《も》つために

2022年 5 月10日発行

著者……岸《きし》見《み》一郎《いちろう》

発行者……松田陽三
発行所……中央公論新社
〒100-8152 東京都千代田区大手町 1-7-1
電話……販売 03-5299-1730　編集 03-5299-1870
URL https://www.chuko.co.jp/

本文印刷……三晃印刷
カバー印刷……大熊整美堂
製本……小泉製本

Published by CHUOKORON-SHINSHA, INC.
Printed in Japan　ISBN978-4-12-150762-4　C1236

中公新書ラクレ　好評既刊

L363
困った時のアドラー心理学
岸見一郎 著

フロイトやユングと同時代を生き、ウィーン精神分析学会の中核メンバーとして活躍しながら、やがてフロイトと袂を分かったアドラー。その心理学は「個人心理学」とも呼ばれています。本書はアドラーの考えをもとに、カウンセリングを重ねてきた著者が、現代人の悩みにズバリ答える本。自分自身のこと、友人との関係、職場の人間関係、恋愛、夫婦や親子関係……。その様々な具体的シーンで、解決の手引きとなるアドラーの考えを紹介します。

L557
人生を変える勇気
―踏み出せない時のアドラー心理学
岸見一郎 著

ベストセラー『嫌われる勇気』でアドラー心理学のブームをつくった第一人者が、あなたの悩みに応える！　「陰口をいう友人」「理不尽な上司」「妻にけなされる」「躾のなってない嫁」等々88の事例をもとに、アドラーの教えを机上の空論としてではなく、本当に使える実践的なものとして伝授。次の一歩を踏み出すための〝劇薬〟がここに。さて、あなたは、これからの人生をどのように選択しますか？

L586
アドラーをじっくり読む
岸見一郎 著

ミリオンセラー『嫌われる勇気』のヒットを受けて、アドラー心理学の関連書が矢継ぎ早に出版された。しかもビジネス、教育・育児など分野は多岐にわたっている。だが、一連の本の内容や、著者に直接寄せられた反響を見ると、誤解されている節が多々あるという。そこで本書は、アドラー自身の原著に立ち返る。その内容をダイジェストで紹介しながら、深い理解をめざす。アドラーの著作を多数翻訳した著者ならではの、完全アドラー読書案内。